스스로 즐겁게 학습하는 아이들의 비밀

아이의 뇌를 깨우는
보드게임

KB191702

스스로 즐겁게 학습하는 아이들의 비밀

아이의 뇌를 깨우는 보드게임

초판 1쇄 발행   2023년 3월 30일
지은이   김한진

펴낸이   신호정
편집   전유림
마케팅   백혜연
디자인   이지숙

펴낸곳   책장속북스
신고번호   제 2020-000111호
주소   서울시 송파구 양재대로 71길 16-28 원당빌딩 4층
대표번호   02)2088-2887
팩스   02)6008-9050
인스타그램   @chaegjang_books
이메일   chaeg_jang@naver.com

ISBN   979-11-91836-20-2 (03370)

스스로 즐겁게 학습하는 아이들의 비밀

아이의 뇌를 깨우는
보드게임

김한진 지음

 책장속
BOOKS

추천사

한 아이를 진심으로 사랑한다는 것은 시간과 주의력을 내어 주는 일이다. 사랑은 머리가 아닌 몸과 마음을 쓰는 아름다운 실천이다. 교육자로서 김한진 선생님의 섬세하고 따뜻한 실천적 삶, 교실 라이프를 지난 몇 년간 지켜보았다. '세상에 이런 선생님이 있구나…' 여러 번 가슴이 뜨겁게 울렸다. 누구라도 1시간만 그와 대화를 나눠 보면 그의 내면이 가진 사랑 에너지에 공명될 것이다.

아이들 속으로 뛰어 들어가 함께 뒹굴고 놀고, 웃고, 울었던 진실한 삶의 시간이 《아이의 뇌를 깨우는 보드게임》으로 나왔다. 이 책은 아이 눈높이 실천서, 관계 맺기 실천서, 유니크한 성장 문화 만들기부터 관점 전환까지 담은, 여러모로 놀라운 책이다. 아이가 의미 있는 한 사람과 하는 눈 맞춤, 목소리, 손길 나누기, 공감, 조율 체험의 힘은 강력하다.

나도 보드게임으로 내 아이를 다시 키워 보고 싶어진다. 내 아이 뇌의 신경망을 바꾸고, 감성지수, 내적 동기를 향상시킬 수 있는 엄청난 비법이 가득하다. 아이와 잘 지내며, 아이를 잘 키우고 싶어 하는 부모님, 교사들께 이 유니크하고 따뜻한 실천서를 강력 추천한다.

권영애
사람&사랑연구소장, 한국버츄프로젝트 이사,
《자존감, 효능감을 만드는 버츄프로젝트》저자

어린 시절 시골에서 마음껏 뛰놀며 자란 저는 도시의 친척 집에 놀러 갔다가 보드게임을 처음 해 보고는 큰 충격에 빠졌습니다. 세상에, 이런 놀이가 있다니! 그때와 비교할 수 없을 정도로 보드게임은 다양해졌고, 교실에서도 많이 활용되며 이에 대한 책도 많아졌습니다. 그럼에도 이 책을 읽으면서 감탄했습니다. 세상에, 이런 보드게임 책이 있다니! 다양한 보드게임 사용법을 소개하는 책은 많지만, 김한진 선생님은 보드게임에 대한 새로운 관점과 그것의 힘을 체계적으로 보여 줍니다. 책을 읽으며 알라딘이 자스민과 마법 양탄자를 탄 채 A whole new World를 보여 주는 장면이 떠올랐습니다.

우리는 오랫동안 함께 공부하며 상처받고 공격적으로 변한 아이들 또는 무기력해진 아이들, 관계 맺기 힘든 아이들을 돕기 위해 많이 노력했었습니다. 어떻게 하면 이 아이들의 상처를 보듬고 기쁨의 세계로 초대할 수 있을까요? 이 책은 김한진 선생님이 아이들과 보드게임을 하며 겪은 마법 같은 경험을 보여 줍니다. 단순한 방법 몇 가지가 아니라 매우 재미있고 감동적이며 효과적인 시스템입니다.

보드게임에는 단순한 즐거움을 넘어, 아이들의 뇌를 깨우고 마음을 움직여 배움의 문턱을 넘게 하는 특별한 힘이 있습니다. 그 힘을 배우고 활용하고 싶으시다면 김한진 선생님과 함께 마법 양탄자에 올라타십시오. 읽으면서 이렇게 감탄하고 있을 것입니다.

'세상에, 이런 보드게임 책이 있다니!'

정유진
사람과교육연구소장

이 책은 그간 놀이와 여가를 위해 활용했던 보드게임을 소통의 도구, 변화의 도구, 감동의 도구로 활용하는 관점의 변화를 독자에게 선물해 주는 특별한 힘이 있다.

보드게임을 매개체로 아이들을 성장시키고, 각 보드게임의 특징을 찾아내 학습에 활용하며, 보드게임의 힘을 이용해 아이들의 고민을 줄이고 자신감 있게 변화시키는 글을 읽다 보면 감탄이 절로 자리할 것이다.

보드게임과 교육 현장을 연결하는 다양한 고민을 미리 해 준 김한진 선생님은 진정한 선구자이자 보드게임 상담사라 할 수 있겠다. 선생님의 경험을 이렇게 책으로 편하게 만날 수 있어 감사하다.

덕분에 내가 보관하고 있던 보드게임들 또한 더 특별해지고 활용 범위도 넓어졌다. 김한진 선생님은 거인들의 영향을 받았다고 말하지만, 사색가이고 문제 해결사이며 내면의 성찰과 학생의 성장을 이끄는 그야말로 '보드게임을 손에 든 거인'이라 하겠다.

서준호
《서준호 선생님의 교실놀이백과 239》 저자

좋은 기회를 만났습니다.

"저는 보드게임 1호 상담가가 되고 싶습니다."라고 고백하는 저자의 따뜻한 마음이 전해져 〈아이의 뇌를 깨우는 보드게임〉의 매력에 푹 빠져 봅니다.

사실 그동안 제가 만난 보드게임은 남는 시간을 보내는 하나의 '고정된 틀'이었을 뿐이었습니다. 보드게임 안에 멋진 보석 같은 특별한 것이 숨어 있음을 이제야 조금은 알게 된 사실이 저에게는 좋은 기회를 만난 것과도 같이 느껴집니다.

"보드게임에는 아이들을 움직이는 '힘'이 있다."

설렘 속에서 그 힘을 교실 속 아이들, 가족들, 그리고 무엇보다 함께 플레이어로 참여하는 '나'에게 선물로 주고 싶습니다. 보드게임을 인생의 한 부분으로 채워 갈 수 있는 행운을 갖게 되어 감사합니다.

김진수
《밀알샘 자기경영 노트》 저자

프롤로그

배움은 아이들이 선택할 때 이루어진다

배우지 않는 아이

"은유(가명)*야, 도움이 필요하면 우선 친구한테 도움받고 그래도 어려우면 나한테 말해 줘! 선생님이 알려 줄게."
"네!"

수업 시간 은유는 게슴츠레한 눈으로 초점 없이 칠판을 바라봤다. 앞을 보는 건지 생각을 골똘히 하는 건지 짐작하기 힘든 눈빛이었다. 조금 있다가 책상에서 몸을 빼 옆 친구에게 말을 걸었다. 이럴 때는 얼굴에 생기가 돈다. 잠깐 사이 스쳐 간 모습이지만 안타까움

---

* 일러두기: 본문에 등장하는 모든 아이의 이름은 실명이 아닌 가명을 활용했음을 밝힌다.

이 든다. 분명 모르면 우선 친구에게 도움을 요청하라고 했다. 하지만 은유는 결국 도움을 청하지 않았다. 수업을 시작할 때 아이들에게 가장 쉽게 공부하는 방법을 말해 준다. 공부는 수업 시간에 최선을 다하고 쉬는 시간에 모르는 걸 묻고 복습하는 쪽이 좋다. 그러면 잘 기억난다. 적은 시간을 공부하고 집에서는 내가 하고 싶은 걸 할 수 있다. 그런데 은유는 이게 어려운 모양이다.

쉬는 시간이 되자마자 '쾅!' 소리와 함께 교실 문이 닫혔다. 은유였다. 문소리가 사라지고 난 뒤 찾아온 적막에 괜스레 짜증이 났다. 목덜미에 뜨거운 게 확 올라왔지만, 엄한 데 화내기 싫어 크게 한숨만 쉬었다.

방과 후에 아이를 남겨 못한 공부를 가르쳐 줬다. 책상에 마주 앉아 수업 시간에 했던 걸 다시 알려 줬다. 교구도 써 가면서 최대한 쉽게 알려 주려고 했다. 은유는 조금 듣는가 싶더니 화장실에 다녀와도 되냐고 물었다. 벌써 갔다 올 시간이 됐는데 몇십 분이 지나도록 오질 않았다. 겨우 자리에 앉았는데 몸이 비비 꼬인다. 엉덩이가 들썩거린다. 두 문제를 푸는 데 삼십 분이 걸렸다. 마음만 먹으면 벌써 하고 집에 갔을 것을 질질 끄니까 나도 힘들고 아이도 힘들다. 답답함이 터져 나오려고 했을 때쯤 은유가 눈빛을 반짝거리며 내게 말했다.

"선생님, 저 엄마가 기다리는데요. 가 봐도 될까요?"

결국 아이를 보냈다. 교실 의자에 몸을 묻고 천천히 등을 기댔다.

한숨이 절로 나왔다. 오늘 공부는 누가 한 걸까?

배움은 내가 아니라 뇌가 한다

배움은 내가 한다고 생각하지만 배움이 일어나는 순간 변하는 것은 사실 뇌다. 무엇인가를 배우고 싶을 때 '알고 싶다'라는 욕구가 생긴다. 그러면 자연스럽게 욕구를 해소하기 위해 어떤 행동을 하게 된다. 행동한 결과가 만족스러우면 긍정적인 감정이 느껴지고, 그것을 다시 또 느끼고 싶은 욕구가 든다. 그러면 그 행동을 반복해서 하게 된다. 그리고 반복하면 잘하게 된다. 우리는 그때 '능력'이 있다고 말한다.

이런 일들이 행동이라는 것으로 드러날 때 뇌 속에서는 엄청난 변화가 생긴다. '무엇인가 하고 싶다'라고 느낄 때 뇌 안에서 어떤 물질이 분비되는 것이다. 같은 행동을 몇 번 반복하면 '뉴런'이라는 뇌세포에서 '시냅스'가 만들어지고, 다른 뇌세포들과 이어진다. 이런 시냅스 생성이 곧 배움이 시작됐다는 신호다.

처음에 뇌세포 간 연결은 느슨하다. 연결은 됐지만, 아직 견고한 것은 아니다. 그래서 돌아서면 잘 까먹고 아직 방법을 잘 모르겠다는 느낌이 든다. 하지만 반복해서 행동하면 점점 시냅스가 견고해진다. 새로운 뇌 지도가 만들어지는 순간이다. 이때가 되면 익숙하다는 느낌이 들고 제법 능숙하게 할 수 있다. 우리가 어떤 것을 배울 때 뇌 속에서는 이런 과정이 일어난다.

이렇게 입력된 정보가 단단하게 연결되려면 반복해서 하는 경험이 필요하다. 그런데 반복에는 아주 중요한 요소가 있다. 바로 '감정'이다. 배우고 싶어서 뭔가를 시도했는데 즐거움, 기쁨, 뿌듯함 같은 감정을 느끼면 아이들은 누가 시키지 않아도 그 행동을 계속한다. 다시 같은 감정을 느끼기 위해 친구에게 묻고 선생님에게 다시 물어서라도 알고 싶어 한다. 우리가 좋아하는 것을 할 때를 생각해 보자. 쉽게 긍정적인 감정을 느꼈던 기억이 떠오른다. 감정은 강한 에너지로서, 다음 행동에 큰 영향력을 발휘한다.

반대로 좌절, 실망스러움과 같이 원하지 않는 감정을 느끼게 되면 다시 하고 싶은 마음이 떨어진다. 이런 일이 반복해서 일어나면 부정적인 감정이 커지고, 하고 싶은 마음이 사라진다. 뇌에서는 배울 때 어떤 감정을 느끼는지가 배울 때의 에너지와 그 방향을 결정하게 되는 셈이다.

배움은 아이들이 선택할 때 이루어진다

익숙한 속담 중에 '말을 물가에 끌고 갈 수 있어도 물을 마시게 할 수는 없다'라는 말이 있다. 말에게 물을 먹이고 싶어도 먹고 싶지 않은 말에게 물을 마시게 할 수 없다. 물론 말에게 입을 벌리게 하고 물을 넣어 줄 수 있다. 하지만 그렇게 해서 얻는 것은 물을 마셨다는 경험보다, 억지로 물을 마시게 해 싫다는 느낌을 기억할 가능성이 매우 크다.

배움도 마찬가지다. 배움에 거부감을 느끼고 있는 아이를 자리에 앉게 하고 공부의 중요성을 설명한다고 해서 공부를 선택한 건 아니다. 모든 배움은 아이들이 스스로 선택할 때 이루어진다.

아이가 기꺼이 배움의 영역으로 걸어와야 한다. 그러려면 아이가 하고 싶고 해 볼 만하고 재미있어 보여야 한다. 이렇게 생각하면 스스로 공부하게 만드는 건 참 어렵게 느껴진다.

한 번은 아이들에게 물어본 적이 있다.

"공부 좋아하는 사람?"

"…"

"그럼 게임 좋아하는 사람?"

"저요!"

"그럼 게임 억지로 시켜서 좋아한 사람?"

"네?"

아이들은 '선생님 장난치지 마세요'하는 표정이다. 게임을 하는 아이 중에 억지로 시켜서 하는 아이는 거의 없다. '게임'과 '억지로'라는 말은 참 안 어울린다. 게임은 스스로 선택하고 자꾸 하고 싶다. 게임을 안 해 본 사람은 있어도 하루만 하고 안 하는 사람도 없다. 어쩌면 게임에는 공부가 가졌으면 하는 많은 것들이 들어가 있는지도 모른다.

배움의 문턱을 넘는 보드게임

어떤 능력이든 그것을 얻으려면 '반복'이라는 시스템을 반드시 거쳐야 한다. 하지만 시작하기도 전에 배움에 거부감을 느끼는 아이가 있다면 이 문턱을 넘는 게 쉽지 않다.

보드게임은 기본적으로 '즐거움'이라는 목표를 가지고 보드 위에서 정해진 규칙으로 승부를 가리는 게임이다. 컴퓨터 게임이나 폰 게임이 주는 화려한 비주얼과 수시로 주어지는 자극 대신 실제 사람들과 구체적인 보드게임 도구인 컴포넌트를 가지고 게임을 한다.

아이들에게 보드게임을 하자고 하면 서로 달려든다. 한 번 하고 나면 또 하자고 한다. 그러면 나는 최선을 다해서 이겨 준다. 그렇게 처절한 패배(?)를 하고 나면 자기들끼리 선생님을 이겨 보려고 전략을 연구한다. 졌는데 포기할 법도 하지만 아이들은 패배를 더 잘하려는 행동으로 바꾼다. 쉬는 시간에 내 옷자락을 잡고 보드게임 하자고 늘어진다. 참 신기한 에너지다.

배움의 문턱을 넘기 위해 아이들에게 필요한 것은 즐거움과 자발적인 배움의 선택이다. 배움을 계속하고 싶은 아이들에게는 반복의 즐거움을 느낄 수 있는 배움의 전략이 필요하다. 보드게임에는 이 두 가지에 힌트를 주는 것들이 숨어 있다. 그뿐만 아니라 초등학교 아이들은 구체물을 만져 보고 움직여 보면서 조작하는 게 사고력에도 큰 영향을 준다. 이 책은 보드게임의 이런 특별한 힘에 관한 이야기다.

이 책이 나오기까지

2015년부터 보드게임을 배우기 시작했다. 보드게임을 통해 문제 아이라고 보았던 관점을 바꾸었고, 아이들이 하기 싫어하는 쓰레기 줍기를 다시 하고 싶은 이벤트로 바꾸었다. 보드게임에는 어려운 것을 즐겁게 만들고 새롭게 바라보게 할 수 있는 시스템이 있다. 생각해 보면 모든 회사나 조직은 시스템을 통해 움직인다. 시스템이 즐겁고 만족스러우면 저절로 하고 싶은 마음이 생긴다. 보드게임으로 자꾸 하고 싶은 자발성의 힘을 깨워 보자.

이 책이 나오기까지 많은 분들이 도움을 주셨다. 가장 먼저 집 한쪽에 보드게임이 있을 자리를 만들어 준 아내. 책이 나오는 모든 순간에 그녀의 배려가 있었다. 모둠 협력시스템은 그녀가 초임 때부터 연구한 시스템을 재구조화한 것임을 미리 밝힌다. 그리고 기적같이 찾아온 아이 지후. 너를 보며 세상을 다시 배워. 이 책을 꼭 쓰겠다고 알아듣지 못하는 네게 약속했었지. 이 약속을 지킬 수 있게 되어 기쁘다. 내가 하자는 게임은 언제나 같이해 주고 피드백을 나눠 주는 동생 애리와 조카 선준, 선우도 고마워. 더불어 보드게임의 가치를 알아봐 주신 책장속북스 신호정 대표님, 귀하게 교열 편집해 주신 전유림 편집장님과 디자인팀에게도 진심으로 감사드린다. 덕분에 책이 세상에 나올 수 있었다. 마지막으로 이 책은 자신의 깨달음을 다음 세대에게 흘려 주시는 나의 영원한 거인 세 분과 나의 부모님 김재원, 백승순이 만들어 준 토양, 그리고 수많은 인연과 만남이 화합해 만들어진 결과물임을 밝힌다. 함께 인연이 되어 감에 이 장을 빌어 마음 깊이 감사드린다. 혼자 이룬 것은 아무것도 없었다.

아직은 보드게임이라는 소재가 게임이라는 틀에 갇혀 해석되는 경우가 종종 있지만, 이 책을 통해 배움의 차원을 한 단계 올릴 수 있도록, 또한 새로운 배움 시스템을 여는 데 작은 기여가 되고 싶은 마음이다. 이 책을 읽는 독자들이 보드게임 시스템을 삶과 교실에 적용해 새로운 관점의 즐거움을 찾기 바란다.

2023년, 새로운 봄이 시작되는 날
세종에서 김한진

목차

PART 5

보드게임, 하나의 문화로

PART 1

왜 하필

보드게임일까?

보드게임 안에 '특별한 것'이 숨어 있다

한때 '자기주도학습 능력'이란 단어가 많이 쓰였었다. 풀어 쓰면 '스스로 공부하는 능력'이라고 할 수 있는데, 이는 무언가를 배우고 익힐 때 없어서는 안 될 가장 필수적인 요소다. 우리가 무언가를 배울 때를 떠올려 보자. 선생님 설명을 듣자마자 혹은 무언가를 체험하자마자 그것을 바로 알고, 또 그것에 익숙해져 자연스럽게 되는 경우는 거의 없다. 스스로 배운 내용을 머릿속으로 정리해 보고, 익힌 내용을 여러 번 반복해 봐야 그제야 안다는 느낌과 함께 그것을 할 수 있겠다는 마음이 든다. 기존의 지식을 바탕으로 나만의 방식으로 해석하고, 새롭게 이해하는 과정을 거쳐야 '아!' 하는 깨달음과 함께 그것이 받아들여지는 것이다. 즉, 자기주도학습은 스스로 받아들일 수 있는 방식으로 인코딩하는 과정인 셈이다. 그런데 문제는 스스로 공부하는 것은 누가 시켜서 할 수 있는 게 아니라는 것이다.

초등학교 4학년 때인 어느 날이었다. 담임 선생님은 개울이 흐르는 얕은 골짜기로 나를 데리고 가셨다. 돌덩이들이 가득한 곳을 지나 나무가 그늘을 만들어 주는 곳에서 나는 생전 처음 '플라나리아'라는 것을 채집했다. 벌레를 좋아하지 않았던 나였음에도, 세모난 머리에 깨를 박아 놓은 것 같은 눈을 가진 녀석은 단번에 내 마음을 사로잡았다. 그리고 다음 날, 내가 잡은 플라나리아가 수업 시간에 나오는 것이 아니겠는가. 몸을 가르면 두 개가 되는 것이 신기했고, 눈이 다시 나오는 것도 너무나 놀라웠다. 그 뒤로 나는 혼자 갔던 그 장소에 친구를 데리고 여러 번을 더 갔다. 또 다른 곳에서도 볼 수 있는지 찾아보기도 했다.

평소 나는 책도 잘 읽지 않았고, 공부는커녕 놀기 바쁜 아이였다. 그런 내가 과학책을 찾아보면서 플라나리아를 자르면 왜 두 마리가 되는지, 어떤 원리에서 그렇게 되는지 알아가는 게 너무 재미있었다. 친구들이 플라나리아에 대해 물어보면 반가워서 술

술 이야기했다. 그때, 꿈이 비행기 조종사에서 과학자로 바뀌었다. 누가 시키지 않았고 과제로 주지도 않았지만, 이 생명체에 푹 빠져 공부했다.

그렇다. 이런 모습이 바로 '스스로 공부하는 상태'다. 잔소리하지 않아도 알아서 책을 보고, 더 알아보고 싶어서 탐구한다. 아이들이 이런 모습을 날마다 보여 준다면 얼마나 좋을까? 사실 아이들은 공부를 잘하고 싶어 한다. 공부해야 하는 것도 안다. 그래도 스스로 공부하는 건 생각보다 잘 안 된다.

어느 날, 반 아이들에게 물었다.

"우리는 학교에 공부하러 와요. 여러분들 중에 공부 잘하고 싶은 사람?"

모든 아이가 손을 들었다.

"그렇군요. 그러면 여러분들 중에 공부 좋아하는 사람 손 들어 볼까요?"

한둘을 빼고 거의 모든 아이가 손을 내렸다. 아이들은 공부를 잘하고 공부의 필요성을 알지만, 공부만 하려고 하면 거부감이 올라온다. 그래서 아이들은 스스로 공부하는 것을 잘 선택하려 하지 않는다.

하지만 이와는 반대로 이야기만 하면 질문이 쏟아지고, 스스로 알아내려 하고, 또 잘하고 싶어 최선을 다하는 것이 있다. 게다가 얼마 하지도 않았는데 웬만한 성인이 따라갈 수 없는 경지에 오르는 아이도 있고 말이다. 이것은 바로 '게임'이다.

"여러분들 중에 게임 좋아하는 사람?"

모든 아이가 손을 들었다.

"혹시 '야 이 녀석아! 제발 좀 게임 좀 해라. 게임 안 하면 가만 안 놔둔다!' 해서 억지로 좋아한 사람 있나요? 손 들어 볼래요?"

"에이, 선생님! 그런 애들이 어디 있어요?"

아이들이 웃음과 함께 말도 안 된다는 듯이 손을 내렸다. 마치 선생님이 왜 이런 걸 물어보시나 하는 표정이다. 게임을 누가 시켜서, 강요해서 좋아하게 되는 사람은 없다. 누구나 게임은 스스로 선택해서 자주 한다. 도대체 게임에는 어떤 것이 숨어 있길래 이토록 게임을 하고 싶게 만드는 걸까? 그 비밀은 뇌에서 찾을 수 있다.

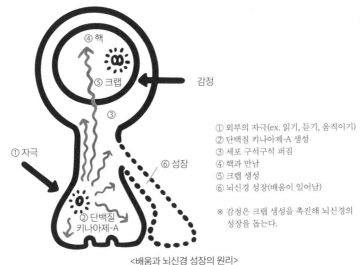

① 외부의 자극(ex. 읽기, 듣기, 움직이기)
② 단백질 키나아제-A 생성
③ 세포 구석구석 퍼짐
④ 핵과 만남
⑤ 크랩 생성
⑥ 뇌신경 성장(배움이 일어남)

※ 감정은 크랩 생성을 촉진해 뇌신경의 성장을 돕는다.

<배움과 뇌신경 성장의 원리>

우리의 뇌는 수많은 뇌세포의 연결망(시냅스 연결)으로 되어 있다. 외부에서 공부나 배움 같은 새로운 자극이 들어오면 뇌세포 내에 단백질 키나아제-A라는 것이 분비된다. 한 번 분비되면 잉크처럼 퍼지다 사라진다. 그런데 같은 생각, 행동의 자극을 자꾸 주면 점차 단백질 키나아제-A의 분비량이 많아지고, 뇌세포 안의 세포핵을 물들이게 된다. 그러면 세포핵은 뇌세포 한쪽에 새로운 가지를 만들어내고 다른 뇌세포와 연결하게 한다. 뇌의 입장에서는 이것이 바로 새로운 시냅스 생성과 연결이고, 우리는 이것을 '학습한다' 또는 '배운다'라고 말한다. 재미있는 점은 감정이 붙어 있는 자극은 많이 반복하지 않아도 몇 번 만에 시냅스가 형성된다는 점이다.

감정에는 추구하고 싶은 감정과 회피하고 싶은 감정이 있다. '즐거움'이나 '신남'과 같은 감정은 지속적으로 느끼고 싶어 행동을 계속하게 하지만, '두려움'이나 '좌절감'과 같은 감정은 피하고 싶어 행동을 소극적으로 하게 한다. 게임은 기본적으로 재미를 목표로 시스템을 만든다. 그렇기에 참여하는 사람들이 스스로 말하고 행동하게 한다. 반면에 공부는 목표와 내용은 있지만 '어떻게'가 없다. 목표와 내용이 아무리 좋아도 방식이 지루하면 접근하기 어렵다. 게임은 바로 이 점을 공략했다. 자꾸 하고 싶고, 더 잘하고 싶어진다는 것이다.

특히나 보드게임은 즐거움을 줄 뿐만 아니라 사회적 소통과 연결, 자연스러운 몰입까지 가능하게 한다. 게다가 '컴포넌트'라는 보드게임 구성물을 손으로 만지고 직접 움직이기 때문에 구체적 조작기*에 속한 초등학교 학생들에게 매우 적합하다. 아이들에게 가끔 보드게임을 하자고 하면 갑자기 아이들의 에너지가 확 올라오는 걸 느낄 수 있다.

"선생님이랑 보드게임 할 사람?"

"저요! 저요!"

"아이고, 작게 얘기해도 된다. 선생님 귀 아프다."

바로 전 시간에 책상에 턱을 대며 졸린 눈으로 바라봤던 아이가, 눈을 번쩍 뜨며 하겠다고 달려왔다. 이런 반응이 참 반갑고 놀랍다. 그리고 참 신기하다. 바꿔서 생각하면 아이의 에너지는 없는 게 아니라 잠시 잠자고 있었던 셈이다. 보드게임을 만나는 순간, 마치 버튼이 눌리듯 에너지가 튀어나왔다.

공부는 하라고 해도 안 하는데 게임은 하지 말라고 해도 한다. 게다가 혼자서도 하고 계속하게 한다. 분명 보드게임에는 공부에는 없는 특별한 힘이 숨어 있다. 바로 스스로 꾸준히 하는 힘, '자발성'이다!

---

*인지심리학자 피아제는 아동의 인지발달 단계 중 초등학교 시기는 구체물을 가지고 사고하는 단계라고 하여 '구체적조작기'라고 불렀다.

보드게임은 '시스템'이다

"우린 시스템이 있어."

"시스템대로라면 그다음은 이래."

"시스템이 없구만⋯."

"시스템이 복잡하네요."

우리는 종종 시스템이라는 말을 접한다. 위의 말에서 시스템은 절차, 규칙, 알고리즘, 프로세스 등으로 바꾸어 쓸 수 있다. 물론 바꾼 말들에 조금씩 차이는 있지만, '참여자에게 적용되는 짜인 규칙' 정도로 이해할 수 있을 것이다. 이러한 시스템은 시간의 흐름에 따라 하나씩 체험하게 되어 있어, 시스템이 적용되면 만족하거나 불만족스러워한다. 만족할 경우에는 '시스템이 좋다'라고 느끼고, 좋으니까 다시 하고 싶어진다. 반대로 불만족하면 '시스템이 이상하다' 또는 '시스템이 잘못됐다'라고 느끼고, 고치려고 하거나 다시는 그 시스템을 찾지 않으려고 한다.

학교에도 시스템이 있다. 성과급목록을 선정할 때, 회의에서 의견을 모을 때 등 각자 그 문제를 해결하고 아이디어를 실현하는 시스템을 가지고 있다. 좋은 시스템은 불만을 줄여 주고, 어떤 한 사람이 아닌 모든 사람이 시스템에 의해 문제를 다루게 한다. 그러면 사람이 바뀌어도 늘 비슷한 결과를 낼 수 있다. 교실에서도 마찬가지다. 발표할 때, 책을 읽을 때, 모르는 것을 물어볼 때 등 각각의 시스템을 가지고 있다. 질문할 때도 그렇다.

"글을 다 읽고 나니 어떤 생각과 느낌이 드나요?"

자료를 읽고 난 뒤 아이들에게 이런 질문을 습관처럼 했었다. 그러면 아이들은 짜기라도 한 듯 손을 들지 않았다. 저학년으로 내려갈수록 손을 더 많이 들지는 하지만, 6학년쯤 되면 질문을 하는 순간 정적이 느껴질 때가 많았다. 이런 질문 방식도 하나의 시스템이다. 시스템을 살짝 바꾸면 아이들의 행동이 달라진다.

"글을 다 읽고 어떤 생각과 느낌이 드는지 스스로 생각해 보세요. 다 생각한 사람은 선생님과 눈 마주쳐요."

"좋아요. 이번에는 옆에 있는 짝과 이야기 나눌 거예요. 방금 생각했던 것을 옆 사람과 나눠 보세요. 가위! 바위! 보! 해서 이긴 사람이 기분 좋게 먼저 해요."

이렇게 시스템을 바꾸고 아이들을 관찰하면, 그렇게 조용하던 교실이 웅성웅성하기 시작한다. 전체 아이들 앞에서 말하는 것보다 바로 옆에 있는 친구랑 1:1로 말하는 게 아이들에게는 훨씬 더 쉽다. 게다가 아이들의 움직임이 더 많아지게 하고, 이야기하는 것에 몰입하게 하려면 여기서 시스템을 하나 더 바꾸면 된다.

"글을 다 읽고 어떤 생각과 느낌이 드는지 스스로 생각해 보세요. 다 생각한 사람은 자리에서 일어나요. 돌아다니며 두 명씩 만나요. 서로 생각과 느낌을 나눠요. 이야기를 나누는 중에 떠오르는 생각이 있으면 더 이야기 나눠도 좋아요. 이야기 끝나면 또 다른 친구들을 만나요. 선생님이 그만하라고 할 때까지 5분 동안 활동하세요."

이렇게 하면 아이들이 교실을 돌아다니며 신나게 이야기하는 것을 볼 수 있다. '선생님하고도 말해요.', '같은 모둠 말고 다른 모둠 친구들을 만나세요.', '한 번은 남자, 한 번은 여자 번갈아 가며 만나세요.' 이런 조건을 추가로 넣어도 좋다. 아이들은 훨씬 더 열띠게 이야기한다. 위 사례처럼 적절한 시스템은 참여하는 사람의 모습을 긍정적으로 변하게 해 준다.

하지만 때때로 시스템은 참여하는 사람을 불편하게 만들기도 한다. 나는 도서관을 무척 좋아한다. 캐리어를 가져가서 책을 가득 빌리면, 아직 읽지는 않았어도 마음이 넉넉해진 기분이 든다. 가끔 시간이 길게 나면 온종일 도서관 바닥에 앉아 책을 읽기도 한다. 어느 날, 여유가 생겨 집 근처 도서관에 갔다. 새로 지어진 건물이라 그런지 깔끔했고, 건물 자체도 마음에 들었다. 그런데 주차장으로 들어가는 순간, 보이는 현수막이 눈살을 찌푸리게 했다.

'주차장 유료화 운영 안내'

엘리베이터 게시판에는 1시간을 초과하면 10분당 200원을 내야 한다고 쓰여 있었다. 책을 고르고 읽다 보면 자연스럽게 시간이 흐를 텐데, 갑자기 시스템이 바뀌니 당황스러움을 넘어 이내 짜증이 났다. 알아보니 민원인의 주차난 해소를 위한다는 명분으로 도서관 이용객에게도 유료요금제를 적용한다는 것이 그 이유였다. 주차를 잘못한 사람들을 관리해야 하는 것을 모든 이용자의 불편함으로 해결하려는 것 같아서 답답함이 올라왔다.

또 한 번은 한적하고 높은 곳에 있는 도서관에 갔던 적이 있었다. 사람도 없고 고즈넉해서 편하게 책을 읽다 가려고 그림책 코너에 자리를 잡았다. 그리고 기왕 책을 읽는 김에 책 내용을 정리하기 위해 노트북에 기록을 하고 있었다. 한 시간쯤 책을 보고 정리하고 있을 즈음에 직원이 들어왔다.

"여기 계시면 안 됩니다. 여기는 7살 이하의 어린이와 어머니만 들어올 수 있어요."

황당했다. 모든 책은 '인권'처럼 어떤 사람인지 구분 않고 누구든 읽을 수 있게 하기 위해 지자체에서 무료로 운영하는데, 연령과 대상을 구분해 책에 접근하는 사람을 통제한다는 것은 처음 들었다. 그림책은 미취학 어린이들을 위해 있다는 고정관념이 강하게 느껴졌다. 게다가 그곳에는 정말 아무도 없었다. 나는 도서관을 이용하는 데 있어 이렇게 자격 조건이 있는 줄은 처음 알았다면서 불편하다는 표현을 했다.

"규정이 그래서 어쩔 수 없습니다."

나는 아이와 함께 읽을 책을 고르고 정리하기 위해 왔다고 말했다. 하지만 직원은 규정상 7세 이하의 어린이와 어머니만 되기에 사람들이 오며 가며 자신에게 같은 질문을 계속하여 힘들다고 했다. 사실 이 도서관은 사람들이 잘 오기 힘든, 높고 약간은 험한 길을 구불구불 와야 한다. 그러다 보니 만화책이나 웹툰을 서가 전면에 비치해서 사람들이 올 수 있도록 홍보도 하고 있었다. 그러면서 그러한 규정을 두고, 특정 장소에 특정 사람만 들어갈 수 있게 하는 시스템으로 운영하는 것은 도무지 이해되지 않았다.

앞선 수업 사례는 고작 시스템 일부를 조금 바꾸었을 뿐인데, 모두가 즐겁게 적극적으로 활동하려는 모습이 그려졌다. 하지만 도서관 사례의 경우, 짜증과 불편함만이 느껴졌다. 이처럼 시스템은 그 시스템을 적용받는 사람들에게 만족 또는 불만족한 느낌을 준다. 그렇게 좋은 시스템은 계속 찾게 되고 이를 닮으려 하지만, 불편한 시스템은 안 하고 싶고 피하게 되는 것이다.

보드게임 시스템은 '재미'를 느끼게 할 목적으로 만들어진다. 특히나 보드게임을 하다 보면 기발한 아이디어로 참여하는 다른 사람들을 즐겁게 하는 경우가 종종 있는데, 참으로 감탄하지 않을 수가 없다. 그래서 보드게임을 하면 '만족감'을 느낀다. 배움이 추구하는 목표가 배우는 내용을 즐겁게 반복하게 해서 능력을 기르도록 하는 것이라면, 그 지향점을 보드게임이 어느 정도 비추고 있다고 할 수 있지 않을까? 아이가 무언가를 배울 때 자꾸 하고 싶어 하고 또 재미있어하는 것은 상상만으로도 정말 설레는 일이다. 그러니 보드게임으로 시스템을 바꿔 보자. 움직이지 않던 아이가 먼저 배움에 빠져 있을지도 모른다. 아무리 좋은 내용이라도 잘 짜인 시스템 하나가 있어야 아이를 긍정적인 방향으로 이끈다.

보드게임은 '체험'이다

2016년, 에버랜드로 현장 체험 학습을 갔던 때의 이야기다. 체험 학습을 가는 차 안에서 승규가 T익스프레스 이야기를 했다. 도착하면 무조건 그곳으로 달려가는 전략을 쓰자고 친구들을 열정적으로 설득하고 있었다. 그리고 옆에 있던 나에게도 같이 타자고 졸랐다. 사실 나는 열차 타는 것을 무서워한다.

"선생님! 저희랑 T익스프레스 같이 타요!"

"나는 열차 타는 거 힘들어! 진짜 무서워!"

"에이, 괜찮아요. 같이 타요. 하나도 안 무서워요."

"선생님, 같이 타요."

옆에서 병진이도 거들었다. 나는 속으로 무척 떨었다. 하지만 아이들이랑 함께하는 처음이자 마지막인 수학여행이었고, 무서워도 추억은 되겠지 하는 마음으로 그러자고 했다. 에버랜드에 도착하니 사람이 한눈에 안 들어올 정도로 많았다. 열 시가 되고 입장이 시작됐다. 좁은 입구로 겨우 사람들이 빠져나가기 시작했다. 이러다 못 탈 것 같았다.

"애들아! 뛰어!"

나는 소리치고 있는 힘껏 뛰었다. 리프트를 기다리는 것도 아까워서 냅다 달렸다. 헐떡이며 달려왔는데도 줄이 무척 길었다. 삼십 분을 기다렸더니 T익스프레스 열차가 보였다. 앉아서 벨트를 내리자 열차가 서서히 출발했다. '특특특' 소리를 내며 가파른 철길을 오르더니 정점에서 '특' 하고 멈췄다. 뭔가 이상하다 싶을 때였다. 아주 천천히 열차가 아래로 움직이기 시작했다. 그러다가 갑자기 쏟아지듯이 떨어졌다. 소리를 지르고 싶었지만, 압력 때문에 낼 수가 없었다. 순간 주변의 소리가 모두 꺼진 것 같았고, 안전띠를 매고 있었음에도 내 몸은 밖으로 튕겨 통째로 날아가 버릴 것만 같았다. 몇 년이 지났지만 지금도 그때를 떠올리면 마치 어제 겪은 일처럼 생생하게 그려진다.

  몸으로 직접 경험한 것은 머리로만 익힌 것보다 훨씬 더 잘 기억한다. 이는 우리가 받아들일 수 있는 모든 감각기관과 감정을 함께 사용하기 때문이다. 강력한 체험은 마치 슬로비디오를 보는 것과 같이 세밀하게 기억할 수 있으며 더 나아가 그때의 소리, 맛, 냄새, 감촉까지 떠올릴 수 있다. 반면에 머리로 기억한 것은 쉽게 잊어버린다. 수업 준비는 체험보다 훨씬 많은 시간이 걸렸지만, 그때 무슨 생각을 했는지 어떤 고민을 했는지 잘 기억나지 않는 것을 보면 그것이 맞다.

<학습의 효율성 피라미드>

출처: NTL(National Training Laboratory)

  윌리엄 글레이서의 '학습의 효율성 피라미드'를 보면 체험의 힘을 잘 알 수 있다. 이 피라미드는 외부로 들어오는 정보가 두뇌에 저장되는 비율을 학습 활동별로 나타낸 그림으로, 체험하기가 배움에서도 높은 효과가 있음을 보여 주고 있다. 체험은 자신이 직접 움직이고 조작한다. 즉, 온몸으로 느끼고 생각하기 때문에 주도적으로 행동한다. 그래서 체험 중에 드는 궁금증을 스스로 해결하기 위해 여러 가지 시도를 하고 해결 방법을 찾아 나간다. 물론 때로는 실수하고 실패도 한다. 하지만 그러한 과정이 결과적으로 무언가가 해결되는 방향으로 나아가게 하는 것이며, 이 모든 과정을 온몸으로 느낀다는 것에 큰 의미가 있다. 아마 여러 가지 학습 방법 중 '체험'을 했을 때의 기억 양이 가장 높을 것이다.

보드게임은 시간·공간적 제약이 있는 현실을 보드판과 컴포넌트로 축소한 체험학습장이다. 보드게임 안에서 추리하면서 우리는 탐정이 되기도 하고 교사, 요리사, 기업가, 스포츠 선수가 되기도 한다. 아이들은 각 보드게임 테마에 맞게 규칙 안에서 자유롭게 체험한다. 게임 안에서는 어떤 선택, 혹은 어떤 시도든 괜찮다. 그리고 어떤 실수도, 실패도 괜찮다. 그 누구도 뭐라고 하지 않는다. 오로지 아이 스스로 자신의 선택에 따른 결과를 경험하는 것이다. 즉, 아이는 목표를 이루기 위해 어떤 전략을 세워야 하며 자신이 길러야 하는 것이 무엇인지 온몸으로 배운다.

학교에서 방과 후에 아이들과 보드게임을 했을 때다. 물론 그 시간은 아이들이 자율적으로 하고 싶은 것을 할 수 있는 시간이지만, 나는 가끔 아이들에게 보드게임을 하자고 할 때가 있다. 마침 전날 가져온 〈돌 대 인간〉이라는 보드게임이 있어 아이들과 같이했다. 〈돌 대 인간〉은 돌 역할 한 명과 다른 모든 사람이 팀으로 나뉘어 문제를 푸는 게임이다. 돌 역할을 하는 이는 문제를 직접 읽어 주고, 답도 알기 때문에 마치 선생님 같다. 수업 시간에 교사와 학생으로 팀을 나누어 하기에도 딱 좋다.

"얘들아, 선생님이 돌 역할을 할게. 돌은 답을 알고 있지만 직접 풀 수 없어. 대신 돌을 상자에 집어넣고 흔들어서 나오는 숫자가 돌의 답이 된단다."

"우와. 재밌겠다."

"재미있지, 선생님도 해 봤는데 쫄깃쫄깃한 느낌이 재미있더라. 인간팀은 상의해서 문제에 대한 정답을 정하면 돼. 답은 0, 1, 2중에 하나야! 혹시 더 궁금한 것 있는 사람?"

"없어요!"

아이들은 반짝반짝한 눈빛으로 나를 보았다. 이럴 때가 가장 설레는 순간 중 하나다. 아이들에게 문제를 내고 의논할 시간을 주고는 슬쩍 대화를 들어 봤다. 문제는 '★★피자 로고에 동그라미는 몇 개인가?'였다.

"내가 기억할 때는 ★★피자 로고에 동그라미가 3개였던 것 같은

데…."

"선생님이 답은 0, 1, 2중에 하나라고 하셨어!"

"그런가? 두 개 아닌가?"

"세 개인 것 같은데 선생님 3도 답이 있어요?"

"아니, 답은 반드시 0, 1, 2 중에 있어"

"아! 얘들아 나 지난번에 ★★피자 먹었어. 그때 1개였어!"

"오~ 경험자! 그럼 우리 1개로 해 보자!"

아이들이 수군대며 답을 골랐다. 예상만 하다가 확실한 증거가
잡혔는지 설레는 모습이었다.

"선생님, 확인해 봐요!"

"잠시만, 이제 선생님의 답을 골라 볼게. 선생님은 돌을 상자에
넣고 흔들면… 자… 선생님의 답은… 아, 0이네. 이걸 고르고 싶
지 않았지만. 자 그럼 정답을 확인해 보자! 정답은! 두구두구…!"

"두구두구…!"

"2!"

"어? 2!"

아이들은 답이 1일 줄 확신하고 있었는데 2가 나오니까 놀란
눈치다. 그러면서도 웃는 게 너무 재미있다는 표정이었다. 평소 수
업 시간에 조용히 앉아 있던 규진이가 자리에서 벌떡 일어났다.

"선생님! 그거 제가 문제 내 보면 안 돼요? 어… 제가 정말 내
보고 싶어요! 제발요!"

규진이는 친구들이 답을 모르는데 자신만 알고 있는 느낌이 재

미있다고 했다. 앞에 나와서 돌 역할을 하게 해 줬더니 성큼성큼 걸으며 앞으로 나왔다. 규진이가 학급에서 자진해서 칠판 앞으로 나오겠다고 한 것은 이날이 처음이었다. 규진이는 아마 게임을 하면서 가만히 앉아 있지 못할 만큼 해 보고 싶은 마음이 들었나 보다. 보드게임이 몸 안에 잠자고 있던 감각들을 건드리는 순간 이다.

놀이동산에 한 번 갔다 온 아이들은 그 체험을 강렬하게 기억 한다. 그곳에서 경험한 체험이 온 감각에 남아 있기 때문이다. 보 드게임은 이렇듯 온 감각을 자극한다. 그렇게 잠자고 있던 적극 성을 깨운다.

보드게임은 '공평'하고 '자유'롭다

놀이나 체육 활동을 하면 심판을 하게 될 때가 있다. 대부분은 심판의 말을 따르지만, 동의하지 않는 판단 때문에 다툼이 나기도 한다.

"선생님, 이건 아니죠. 쟤 금 밟고 던졌어요."
"아니다. 선생님이 볼 때는 안 밟았다."

피구를 할 때 공격하려 던지는 아이가 '금'을 밟았으니 자기 팀의 볼이란 이야기다. '금', 참 애매하다. 별문제 없이 공을 던진 것 같은데, 아이들이 내게 달려와 반칙이라며 동그란 눈으로 말하니까 내가 잘못 본 것 같기도 한 생각이 든다. 마음이 약해지려고 하는데, 경기 전에 심판 말에 무조건 따라야 한다고 말해 놓은 게 있어서 단호하게 아니라고 말했다. 하지만 마음이 찝찝한 건 어쩔 수 없었다.

선생님이 심판을 보거나 주도하는 활동에서는 간혹 일어나는 일이다. 이런 일 때문에 아이들이 종종 서운함을 느끼는 경우도 있어 나중에는 아예 동영상 촬영 담당을 두고 활동을 찍었다. 하지만 그것도 애매한 부분을 가리기에는 역부족이었다.

보드게임은 대개 돌아가며 자신의 차례를 갖는다. 차례마다 할 수 있는 행동이 구체적으로 정해져 있고, 제한되는 행동도 정해져 있다. 그렇기에 논란이 있을 때 규칙서를 보면 웬만한 문제는 명쾌하게 해결된다. 처음 몇 판 할 때는 선생님에게 물어보기도 하지만, 게임 횟수가 늘어나면 게임을 하는 아이들끼리 명확한 규칙을 가지고 게임을 한다. 이렇듯 모두가 규칙 아래에서 공평하게 게임하게 된다.

'공평하다'는 말은 다른 의미로 모든 역할, 형편 등이 사라진다는 말이기도 하다. 심지어 학습 능력의 높고 낮음이 사라지는 때도 있다. 공부 잘하는 아이가 게임에서 매번 지기도 하고, 공부를 못하는 아이가 게임을 더 잘하기도 한다. 그러다 쉬는 시간에 했던 보드게임이 수업 시간에 나오면 게임을 해 봤던 아이가 굉장히 적극적으로 변하는 모습도 볼 수 있다.

〈워드 캡처〉라는 보드게임을 아이들과 했다. 〈워드 캡처〉는 카드 앞면과 뒷면에 쓰여 있는 주제어와 미션을 보고 재빨리 해당 단어를 말하는 눈치 게임이다. 이 게임을 하려면 평소에 소극적이었던 아이도 적극적으로 행동해야 한다.

창민이는 말수가 적고 모둠 활동을 할 때 가만히 있는 경우가 많은 아이다. 개인 상담을 해 보면 혼자 있는 걸 좋아하는 건 아닌데, 수업 시간에 공부하는 내용이 어렵다고 느껴지니까 모둠 활동할 때 자신감이 떨어져 있었다. 하지만 게임을 할 때의 아이는 완전히 달랐다. 잠겨 있던 밸브가 풀린 것처럼 굉장히 적극적으로 단어를 말했고, 리액션도 컸다. 결국, 그 판을 창민이가 이겼다. 아이의 이런 모습은 모둠 활동을 할 때도 이어졌다. 평소보다 소통이 훨씬 많아졌고, 친구들 부르는 횟수도 늘어났다.
이처럼 보드게임은 누구나 규칙을 따라야 하고, 또 누구에게나 공평하다. 이 때문에 할 수 있다는 마음이 생기고, 하고 싶다는 마음을 가지게 된다.

그리고 보드게임은 자유롭다. 보드게임을 할 때는 자기 차례가

오면 어떤 것을 할 것인지 결정하고 선택해야 한다. 이 과정은 온전히 자신의 몫이며, 자유롭게 선택할 수 있다. 생각해 보면 아이들은 어떤 선택을 할 때 자주 묻는다. 이는 선택에 있어 '확신'이 없으니 교사나 부모에게 '확신'을 내려 달라고 하는 셈일 테다.

"선생님 이거 해도 돼요?"

"선생님 이거는요?"

분명히 해도 된다고 말했는데도 또 묻는다. 나에게 묻지 않아도 된다고 하면, 이번에는 친구들에게 묻는다. 사실 아이들은 스스로 온전한 선택을 해 보는 경험이 많지 않다. 온전한 선택은 스스로 그 책임까지 지어야 한다. 결과에 대한 책임을 감당하면서 스스로 선택에 '확신'이라는 마음을 새기게 된다. 그렇게 독립심이 커진다.

점심시간에 아이들과 〈노땡스〉 게임을 했을 때다. 이 보드게임은 3부터 35까지의 숫자 카드를 최대한 적게 받기 위해 애쓰는 게임이다. 숫자 카드가 한 장씩 열리면 카드를 가져갈지 말지 토큰으로 결정한다. 갖기 싫으면 칩을 하나 내고 갖고 싶으면 그동안 쌓인 칩과 숫자 카드를 가져간다. 가져간 숫자 카드는 벌점이 되니 신중해야 한다. 모든 숫자 카드가 없어지면 게임이 끝나고 그때 숫자 카드의 합에서 칩의 개수만큼 뺀 것이 자신의 점수가 된다. 이 게임에서 변수는 숫자 카드를 차례대로 가지면 가장 낮은 숫자만 적용된다는 점이다. 예를 들어 22, 23, 24 카드를 가져갔다면 벌점은 22다.

　게임을 하다가 승준이 차례에 숫자 카드가 31이 나왔다. 승준이는 자기 차례가 두 바퀴쯤 돌아가니 고민하기 시작했다.

　"어, 칩이 쌓였는데 그냥 카드 가져갈까?"

　"가져가도 칩이 많으니까 괜찮을 거야. 뭐 어때?"

　"그래도 숫자가 높은데 괜찮겠어?"

　고민하던 승준이는 카드를 가져가는 걸 선택했다. 그다음에 나온 카드가 30이었다. 승준이 입장에서는 아무도 갖기 싫어하는 높은 숫자인데 자신이 가져가면 벌점이 줄어들었다. 그렇게 아이는 자신의 조금 전 선택을 만족해하며 뿌듯해했다.

　아이들은 누구도 책임져 주지 않는 자유로운 선택을 하면서 실수하기도 하고, 긍정적인 결과를 내기도 한다. 온전한 자유를 가지면 그런 선택은 의사 결정에 있어 아주 중요한 참고 자료가 된다. 자유로운 선택을 통해 자신의 전략을 만든다. 선택하면서 결과를 느끼게 되고, 이런 과정을 통해 게임을 읽는 관점, 행동에 대한 예상 결과, 상대방의 다음 행동 등 다양한 전략을 익히게 된다. 정답은 없지만, 그 행동은 가설을 세우고 나의 행동을 실험해 보는 과정이 된다. 이것은 곧 온전한 주도권을 가지고 자신만의 전략을 만드는 것이다.

　사실 '보드게임' 하면 시간도 오래 걸릴 것 같고 어려울 것 같지만, 전혀 그렇지 않다. 전문가용 게임이 아니라면 대개 10분에서 20분 사이에 충분히 체험할 수 있다. 빠른 건 5분 안에도 끝난다. 한 번 하는 데 그리 많은 시간이 걸리지 않으니 자유롭게 선택하고 결과에 책임을 지며 빠르게 자신의 전략을 수정한다. 그러면서 그 게임에서 의도하고 있는 능력을 하나씩 갖추어 나갈 수 있다. 설사 틀리더라도 괜찮다. 아이들은 "한 번 더 하자!" 이런 말로 쿨하게 새로 시작한다.

보드게임은 규칙 안에서 스스로 선택할 자유가 있다. 그리고 누구랑 해도 공평하다. 아이들은 자기 차례에 자유롭게 생각하고 선택하며 이에 대한 책임도 진다. 이런 과정을 반복하면서 전략적으로 사고하는 힘까지 기른다. 나이가 적든, 역할이 나와 같든 다르든, 한데 모여 게임을 하면 그 사람도 단지 한 사람일 뿐이라는 걸 느끼게 된다. 보드게임으로 자기 영역을 확장해 보자.

보드게임은 '마음의 문턱'을 넘게 한다

사람은 어떤 일을 세 번 실패하면 '난 그 일을 잘 해낼 수 없어'라는 생각을 한다고 한다. 이런 생각은 부정적인 감정을 느끼게 하고, 부정적인 감정은 그 일을 피하고 싶게 만든다. 이런 상태에서 그 일을 좋아하게 만드는 건 참 어렵다.

유린이는 초등학교 4학년이지만 덧셈, 뺄셈할 때 손가락을 사용했다. 처음에는 손가락을 접었다 폈다 하는 것이 수 계산 때문에 하는 건지 몰랐다. 같은 모습이 여러 번 보이자 조금 의아했던 것 같다. 유린이는 머리로 수 계산하는 것이 힘들다고 했다. 도움을 주고 싶었지만, 그날 이후로 손가락으로 계산할 때마다 자신도 모르게 힐끔힐끔 곁눈질로 나의 눈치를 봤다. 그 모습이 마음이 걸려 상담을 했다.

원래 수학이 어려웠다고 했다. 잘하고 싶은데 노력해도 안 되니까 저학년부터 손가락을 사용했단다. 그랬더니 머릿속에는 잘 그려지지 않던 숫자가 그나마 잘 연상되는 것처럼 느껴졌다고 한다. 유린이에게 손가락은 곧 수학을 잘하려는 노력과 도전이었다. 그러나 어느 날, 아버지가 손가락을 쓰는 자신의 모습을 보고 크게 혼을 내셨다. 한 살 어린 동생과 비교하며 동생은 수학을 잘하는데 너는 왜 그렇게 못하냐며 타박하셨다. 안 그래도 어려웠는데 아버지에게 꾸중을 들으니 그때부터 아이는 수학이 너무 싫어졌다고 했다.

처음에는 그저 '수학에 도움이 필요한 아이' 정도였을 것이다. 하지만 아버지의 지속적인 부정적 피드백은 자신을 수학을 못하는 아이로 생각하게 했고, 수학만 보면 피하고 싶게 만들었다. 평소 그렇게 밝던 아이가 수학 시간만 되면 축 처져 힘이 없었다. 아마 수학 시간이 되면 무의식 속에 엄청나게 높은 문턱을 세웠을 것이다.

무의식 속에 들어 있는 부정적인 감정은 문제가 해결될 때까지 혹은 그 감정이 풀어질 때까지 반복해서 자신을 자극한다. 이때 적절하게 해소하지 않으면 무의식의 흐름에 따라 끌려간다. 흔히 '무의식' 하면 프로이트의 빙산을 떠올리는데, 좀 더 적절한 비유로 코끼리 등에 탄 사람이 있다. 아래 그림처럼 코끼리는 '무의식'이고 코끼리 등에 탄 사람은 '의식'이다. 의식이 해야 하는 것을 알고 행동해도, 무의식에서 거부감이 강하게 들면 그 행동에 힘을 얻기가 힘들다. 그래서 싫어하는 것을 좋아하게 만들려면 무의식을 공략해야 한다.

하지만 무의식은 코끼리에 비유할 정도로 힘이 세기 때문에 무의식을 깨려고 하면 여러 가지 부작용이 생긴다. 그래서 무의식을 억지로 끌고 오려는 생각보다는 무의식도 좋아서 움직이는

방법을 써야 한다. 무의식의 특징 중 주목할 만한 부분이 있다. '어? 해 볼 만한데? 어디 한번 해 볼까?'라는 마음이 들면 그 일을 하는 쪽으로 이끄는 건 어렵지 않다는 점이다. 즉, 앞에 있는 일이 문턱이 낮아 보이면 '한 번쯤 해 보지 뭐?'라는 마음이 든다. 《타이탄의 도구들》에서는 운동이 너무 지겹고 하기 싫다면 '운동하는 것'을 목표로 정하지 말고, '운동화 신기'나 '운동복으로 갈아입기' 같은, 노력 없이도 해 볼 만한 목표로 바꾸라고 한다. 운동하는 건 무의식이 거부하지만, 운동화 신기나 운동복 입기 정도는 크게 애쓰지 않고도 할 수 있다는 마음이 들기 때문이다. 그렇게 실제로 행동으로 옮기면 '운동화 신었으니까 한 번 달려 볼까?'라는 마음으로 자연스럽게 움직이게 된다.

보드게임은 마음의 문턱을 낮추는 데 좋은 영향을 준다. 아이 중에 공부는 싫어도 보드게임을 싫어하는 아이는 없다. 아무리 싫어하는 공부도 관련된 보드게임을 수업 시간에 적용하면 아이의 행동이 순식간에 달라진다. 문턱도 낮아지지만, 보드게임이 주는 재미있는 경험 덕에 '보드게임'이라는 단어만 들어도 신나는 기분이 솟아 나온다. 그렇게 공부할 내용을 보드게임으로 배우고, 보드게임을 잘하기 위해 학습하면 부족한 부분을 공부할 때보다 그 문턱이 낮아진다.

보드게임 〈크로싱〉은 룰을 조금만 변형하면 수 세기를 배울 수 있는 간단한 게임이다. 원래 이 보드게임에는 보석을 사용하는데, 보석 대신 공깃돌을 사용해 봤다. 쉬는 시간에 몇몇 아이들과 게임을 하자고 제안했다.

"선생님이 아는 보드게임인데 같이 할래?"

"저요!"

"저도 할래요."

"좋아. 유린이도 같이 할래?"

"네 좋아요."

수학을 어려워했던 유린이도 흔쾌히 게임을 한다고 했다.

"규칙은 간단해. 여기 가운데 동그란 원이 있지? 그리고 너희 앞에도 동그란 원이 있어. 가운데 원에 공깃돌을 조금씩 덜어 놓을 거야. 게임을 시작하면 '하나, 둘, 셋!' 하고 손가락으로 원하는 곳을 가리켜. 가운데 원 중 하나랑 너희들 앞에 있는 원 중 하나를 가리켜야 해. 만약 혼자만 선택했다면 거기에 있는 공깃돌을 모두 가질 수 있어. 공깃돌을 너희 바로 앞에 있는 원에 옮겨 와. 만약 두 명보다 많은 사람이 가리켰다면 아무도 가질 수 없어."

"선생님 그럼 제 앞에 있는 원에 공깃돌이 있으면 모두 제 건가요?"

"그건 아니야. 손가락으로 가리키는 것 말고 하나 더 할 수 있는 동작이 있는데, 내 앞에 있는 원을 손바닥으로 가릴 수도 있어. 그럼 다른 사람이 선택해도 지킬 수 있어. 가장 많은 공깃돌을 가진 사람이 승리하는 거야."

처음에 게임 설명을 간단하게 하고 바로 시뮬레이션을 했다. 한두 라운드가 지났더니 자신이 가져온 공깃돌을 뺏긴 아이들도 보였다. 그쯤 되면 게임의 시스템을 몸으로 느끼게 된다. 이제 진짜 게임을 시작했다. 아이들은 짧은 시간이지만 폭 빠져서 게임을 했다. 끝나고 나서 공깃돌을 셌다. 유린이도 셌지만, 여전히 손가락을 사용했다. 그래도 혼자서 해 보고 싶은 모양이었다. 손가락을 사용해서 가지고 있는 공깃돌을 다 셌다.

"유린아, 공깃돌로 세는 거 알려 줄까?"

유린이는 고개를 끄덕였고, 나는 남아서 공깃돌 10개가 묶이면 10이 된다는 것을 알려 줬다. 둘이나 세 개씩 묶어서 세면 손가락으로 세지 않아도 쉽게 10을 셀 수 있다는 것도 함께 공깃돌을 이용해 연습하며 익힐 수 있었다.

몇 주가 지나 유린이랑 다른 아이들과 함께 〈크로싱〉 게임을 다시 했다. 깜짝 놀랄 만한 모습이 보였다.

"너 15개다!"

유린이가 다른 친구의 것을 먼저 세서 알려 주는 것이 아니겠는가. 아이는 자신의 것을 벌써 세어 놓고 다른 친구의 것까지 셀 여유가 생긴 것이었다. 어떻게 된 것인지 신기하고 궁금하기도 해서 물어봤다. 유린이는 머릿속으로 공깃돌을 옮기는 상상을 하며 친구들이 게임을 할 때마다 계속 세어 봤다고 했다. 그러다 보니 어느 순간부터는 손가락을 쓰지 않아도 떠올릴 수 있다는 것을 알았다고 했다. 그 이후로 아이는 손가락을 잘 쓰지 않았다. 그리고 시간이 좀 더 흐르고 나서는 아예 사용하지 않고도 수학을 해결했다.

피하고 싶은 감정을 느끼는 것은 어떤 행동을 하기 싫어 자물쇠를 걸어 놓은 것과 같다. 이 자물쇠는 밖에서 여는 것이 아니라 안에서 스스로 열어야 한다. 보드게임은 자물쇠를 여는 마음으로 한 발짝 가도록 한다. 그리고 할 만하고 할 수 있을 것 같다는 판단이 들게 한다. 곧 나의 마음은 살짝 '해 보자'는 쪽으로 넘어가게 된다. 하기 싫고 어려웠던 공부가 보드게임 덕에 약간은 만만하게 보이기도 한다. 어쩌면 무언가를 잘하기 위해 필요한 것은 소질이 아닌, 그것을 하고 싶다는 마음이 아닐까? 그 만만한 보드게임에 마음의 문턱을 넘는 열쇠가 있을지도 모른다.

보드게임은 '재미'있다

심리학자 폴 에크먼은 인간은 인종, 지역 등에 상관없이 보편적으로 감정이 있다고 했다. 그가 언급한 감정들은 공포, 분노, 기쁨, 슬픔, 혐오, 그리고 놀라움 이렇게 여섯 가지다. 이 감정 중 '놀라움'이라는 감정에 주목할 필요가 있다. 놀라움은 안도감을 거쳐 재미를 불러오는 감정으로, 배움이 일어날 때 생겨나는 감정이다.

아르키메데스의 일화를 보면 놀라움이 어떻게 배움으로 흘러가는지를 알 수 있다. 어느 날, 그는 왕으로부터 왕관에 불순물이 생겼는지 알아내라는 말을 듣는다. 하지만 아무리 골똘히 생각해도 그 방법이 도무지 생각나지 않았다. 그러다가 하루는 탕에 들어가 목욕을 했다. 그는 탕에 자신의 몸을 넣는 순간, 자신의 몸집만큼의 물이 흘러내리는 것을 보고 깜짝 놀란다. 그의 몸 부피만큼 물이 흘러내리니 왕관에 불순물이 섞여 있다면 순금의 왕관 부피와 다르리라는 것을 깨달은 것이다. 그는 그 순간 문제가 해결된 것에 대한 안도감, 바로 이어 흥미로움을 느껴 그 유명한 한 마디를 외친다. "유레카!" 유레카는 우리 말로 '알겠어!'라고 번역한다. 아마 그의 표정을 묘사했다면 환하게 웃고 있었을 것이다. 이것이 바로 배움이 일어난 순간이다.

아르키메데스가 발견에 대한 즐거움과 재미를 느낀 순간, 그의 뇌에서는 호르몬 변화가 일어났을 것이다. 우리가 재미를 느끼면 우리의 뇌 속에서는 '도파민'이라는 호르몬이 왕성하게 분비된다. 이 호르몬이 흐르면 지금 하는 것이 재미있고 즐겁다고 기억하게 된다. 특이하게도 도파민은 재미를 느끼는 행동을 상상하는 것만으로도 생긴다. 아마 아르키메데스는 그 순간을 기억하며 즐거워했을 것이다.

기본적으로 보드게임은 '재미'를 목적으로 만든다. 그래서 보드게임을 개발할 때 기발하고 놀라운 시스템을 넣어 즐거움과 재미를 느낄 수 있도록 디자인한다. 첫 번째로 보드게임에서 사용하는 구성물인 '컴포넌트'와 '게임판'은 이런 상상력을 극대화한다. 맨손으로 할 때는 할 수 없는 시스템을 도구를 사용하면서 다양하게 활용할 수 있다. 최근에는 태블릿이나 컴퓨터와 같은 기기를 이용한 블렌디드 게임이나 넓은 공간을 사용하며 활용하는 게임도 나오고 있어 보드게임의 경계가 확장되고 있다. 새로운 게임을 접할 때마다 '아직도 새로운 방법이 있는 것일까?' 생각될 정도로 기발하다.

두 번째로 보드게임은 수를 예측하기 어렵다. 상대가 어떤 수를 낼지 정확하게 예측할 수 없고, 나를 만족하는 수를 완벽하게 구성하기 어렵다는 특징으로 인해 매 순간 어떻게 흘러갈지 알 수 없는 상황이 펼쳐진다. 그렇기에 상대의 수를 보고 놀라고, 또 궁금해하다가 재미를 느끼기도 한다. 이는 마치 바둑을 둘 때 상대의 수를 읽으려 애쓰고, 그 수의 의미를 발견할 때 흥미를 느끼는 모습과 흡사하다.

세 번째로 보드게임은 '넘어설 수 있는' 좌절감을 준다. 적절한 좌절감을 준다고도 표현하는데, 아이들은 게임에서 졌는데도 컴퓨터나 스마트폰 게임에서 진 것과는 다르게 비교적 쉽게 패배를 인정한다. 컴퓨터 게임에서 지면 화를 내기도 하고 짜증 섞인 말을 하기도 하는데, 보드게임 한 판이 끝나면 게임 속에서 느끼는 재미를 이야기할 때가 훨씬 더 많다.

무언가가 재미있다는 것은 그것을 하고 싶다는 뜻이다. 배움에 있어 이런 느낌은 무척 중요하다. 재미있다는 느낌이 들면 긍정적인 감정 센서들에 불이 들어오며, 무의식이 그 방향을 보게 된다. 그리고 그것에 주의를 기울이고 관련된 정보들을 끌어당긴다. 아마 자신이 재미있어하는 주제에 관한 이야기가 주변에서 들리면 귀가 쫑긋해진 경험이 있었을 것이다. 이는 센서가 그 주제에 관심을 기울이고 있어 일어나는 현상이다. 이렇든 재미있다는 것은 관심과 정보가 모이게 하는 역할을 한다.

우리는 모든 것에 재미를 느끼지 않는다. 하지만 같은 것을 다른 관점으로 볼 때 재미가 느껴지기도 한다. 보드게임은 하나의 주제를 '재미'라는 관점으로 이리저리 궁리해 본 결과 나온 창작물이다. 재미를 목적으로 시스템을 만들기 때문에 보드게임을 하면 주제를 새로운 관점으로 바라보는 긍정적인 경험을 할 수 있게 된다. 그래서 보드게임을 하고 나면 함께한 사람들의 표정이 밝고 즐거워 보인다. 또 그 주제에 대해 말하는 게 훨씬 쉬워진다.

"난 사회가 제일 싫어!"
5학년 사회를 가르칠 때였다. 사회 수업을 시작도 하지 않았는데, 복도 쪽 창가에 앉은 한 아이의 입에서 이런 소리가 들렸다. 처음에는 사회 공부가 어려워서 그런 줄 알았다. 나중에 봤더니 진단평가를 두 개 정도 틀렸던 아이였다. 진단평가 점수에 의미를 두지 않지만, 우리 반에서 가장 높은 점수를 받은 아이였다. 이 아이의 표현은 유명했던 드라마 <스카이캐슬> 속 강예서를 떠올리기에 충분했다. 한결같이 같은 옷을 일주일 내내 입고 왔던 아이의 마음속에는 무엇이 살고 있을지, 나는 걱정과 두려운 시선으로 보곤 했다.

보통 이런 아이가 공부를 긍정적인 마음으로 바라보게 하는 건 쉽지 않다. 막막한 생각이 드는 것이 당연할지 모른다. 이럴 때 답은 하나다. 바로 '재미'다. 나는 보드게임을 곁들여 수업을 모두 재구성했다. 수업이 끝날 때는 <트랩워드> 보드게임을 이용해서 그날 배운 내용을 재미와 긴장감을 가지고 복습할 수 있게 했고, 단원이 끝날 때는 <타임라인 한국사>를 변형해 시대를 정리했다(<트랩워드>를 활용한 수업은 앞으로 있을 장에 나오니 나중에 참고하기 바란다). 그 밖에도 게이미피케이션 형태를 이용한 일제강점기 수업, 퀴즈를 적용한 삼국시대 수업 등을 했다. 아이는 어떻게 변했을까? 아이의 반응은 놀라웠다.

"내가 이해 할 수 있는 정도는 10분의 10이었다. 선생님이 해주시는 말이 너무 재미있었고 생생했다. 그리고 내가 바라는 점은 말하려는 거 끊지 않고 계속 말해 줬으면 좋겠다는 것이다."

아이가 사회를 좋아할 수 있을지 걱정했었다. 수업 시간에 날카로운 눈빛으로 나를 바라보고 있는 느낌이 들어 심장이 두근댔던 적도 있다. 그런 아이가 선생님 말하려는 거 제발 끊지 말고 해 달라니, 이런 일이! 이 아이의 역사 수업 후기를 보고 마음 한가운데가 핫팩을 붙여 놓은 것처럼 따뜻해졌다. 그 해가 지나고 아이가 역사를 좋아하게 될지도 모른다는 기대를 할 만한 문장이었다.

아이들이 길렀으면 하는 능력 중 하나는 '재미없는 걸 재미있게 만드는 능력'이다. 살다 보면 좋아하는 일을 하다가도 반드시 하기 싫고 그만두고 싶은 순간이 온다. 아래의 '더닝 크루거 곡선' 처럼, 잘 아는 것 같다가도 곤두박질치는 순간이 생기는 법이다.

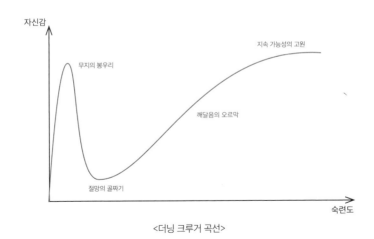

<더닝 크루거 곡선>

그런 순간에는 다시 재미를 찾아 나오는 과정이 빠르면 빠를수록 좋다. '이게 어떻게 가능할까?' 싶은데, 보드게임을 분석해 보면 아예 불가능한 영역은 아니다. 보드게임은 기존의 주제를 기발한 생각으로 비틀고 변형해서 재미를 느끼게 만든다. 이렇게 재미를 느끼게 되면 하기 싫었던 일이 좋아지게 되는 경험이 생긴다. 이렇게 긍정적으로 전환된 기억이 추후 재미있던 일이 하기 싫어지는 순간에 효과적인 자원으로 쓰일 수 있다. 무엇을 배울지는 이미 정해졌다. 핵심은 '어떻게'다. 보드게임으로 재미를 만드는 방법을 발견해 보자!

보드게임은 학생 아닌
'그 아이'를 만나게 한다

"로마에 가면 로마법을 따르라."

어디를 가든 그 지역에 맞는 법을 따르듯, 보드게임을 하는 곳에서는 보드게임 규칙을 따라야 한다. 행여나 힘 좀 있다고 게임을 힘으로 하려고 하면 게임 도중에 그만두게 되거나 다음에는 하고 싶어도 못 하게 될 수 있다. 게임을 할 때는 선생님, 학생, 학부모라도 같은 역할을 맡을 수 있고, 나이가 많고 적은 것도 전혀 상관없다. 일단 보드게임을 하려고 앉으면 모두가 똑같은 플레이어가 된다.

학교에서 아이들과 나누는 대화 중에 한 학생이 아닌 '그 아이', '그 사람'과 만나는 순간은 그다지 많지 않다. '잘했어', '오, 점점 나아지고 있어' 같은 피드백은 배우고 있는 교육과정 안에서, 학생과 교사의 만남에서 이루어진다. 이 때문에 문제가 있어 생활지도를 할 때가 아니면 학생과 교사의 역할을 벗어나 사람 대 사람으로 만나는 시간은 거의 없다. 문제는 이런 만남이 없다면 아이는 자신을 있는 그대로 잘 드러내지 못한다는 점이다. 그리고 마음을 터놓는 대화가 없으니 문제가 있어도 참거나 다른 곳에서 문제를 일으키기 쉽다. 또는 나 자신을 드러낼 곳이 없으니 존재에 대한 인식과 탐구에 관심이 적어진다.

이런 교사와 학생 간의 만남에는 한계점이 있다. 어쩌면 교육과정에서 벗어난 대화는 안 하는 것이 규칙에 맞을 수 있다. 학교는 교육과정을 운영하는 기관이고, 교사는 이를 가르치는 사람이니 교육과정 안에서만 말한다고 해서 교사의 역할을 다 하지 않는 것은 아니다. 하지만 교육은 단순히 교육과정을 전달하는 것이 아닌, 그것을 넘어서는 특별한 무언가가 되어야 한다. 교육은 그야말로 사람과 사람이 만나 자신을 탐색하고 스스로 원하는 것이 무엇인지 발견하며, 기쁜 마음으로 그것에 정성을 들이는 과정이다. 이런 관점으로 보면 교육과정 속에서의 대화는 무척 아쉬울 뿐이다.

아이들은 태어날 때부터 대학생이 되기 전까지 '학생'이라는 역할로만 여겨지는 경우가 많다. 어른들은 직장에서 집에 돌아오면 직접적 역할을 벗어 버리고 한 개인으로 돌아오는데, 아이들은 학교에서도 '학생', 집에서도 '학생'이다.

"공부했니?"

"공부하고 씻을 건지, 씻고 공부할 건지 니가 정해 봐."

"TV 그만 보고 학원 숙제해야지."

이런 말들은 가정에서 하는 너무나 자연스러운 말들이다. 초등학생이 하루에 공부하는 양이 대학생보다도 많다는 한 설문조사도 있을 정도였다. 학생이기만 해야 하는 이런 환경은 아이가 스스로에게 머무를 수 있는 시간을 부족하게 한다. 휴식 시간은 공부로 지친 숨을 고르는 시간이 될 뿐, 아이에게 의미 있는 시간이 되기 어렵다. 실제로 학교가 끝나고 복도에 앉아 휴대폰 게임을 하는 아이들은 공부로부터, 학생으로부터 잠시 일탈한 경우가 많다.

학생이 아닌 '한 아이'와 만날 수 있어야 한다. 그런 사람 대 사람의 만남이 내면에 아직 발견하지 못한 깊은 잠재력을 끌어 줄 수 있다. 보드게임은 이런 고민에 약간의 답을 줄 수 있다. 앞서 말한 대로 보드게임을 하면 아이와 선생님이 동등한 역할을 가진다. 계급장 떼고 게임을 하는 셈이다. 게임 안에 정해진 규칙을 모두 따라야 하며, 그래야 게임을 할 수 있다. 처음에는 게임을 소개하는 사람이 이끌고 가겠지만, 두세 판 정도 하고 나면 관계는 매우 평등해진다. 그렇게 훌훌 역할을 벗어던지고 나면 온전한 자신을 드러내기 시작한다. 평소 교육과정 내에서 나눴던 대화에서는 잘 보이지 않던 살아 있는 욕구가 튀어나온다.

몇 해 전 여름이었다. 우리 반에 건이라는 아이가 있었다. 이 아이는 늘 에너지가 넘치고 밝았다. 활동적이다 보니 친구들과 잘 놀기도 놀았지만, 종종 다투기도 했다. 특히 친구를 한 번 놀리면 멈출 줄 몰랐다. 짓궂게 다른 친구들을 놀렸고, 친구들이 하지 말라고 하면 더 약을 올리며 놀렸다. 그 때문에 다툼이 잦았다. 결국에는 미안하다고 사과하고 끝내길래 점점 괜찮아지겠지 싶었다. 하지만 시간이 지날수록 다툼을 하는 친구들이 늘어갔고, 당연히 나와의 상담 시간도 더 많아졌다. 교실에 들어오면 오늘도 싸우려나 싶어서 건이가 가장 먼저 보였고, 신경이 온통 그 아이에게 가 있기 일쑤였다. 또 일을 벌이지는 않을지, 오늘 하루는 잘 흘러갈지 늘 조마조마했다.

그 무렵 나는 한창 보드게임에 재미를 느끼고 아이들에게 적용하고 있었다. 주로 보드게임 모임에서 선생님들과 했던 것 중에 괜찮은 보드게임을 교실에 두곤 했다. 그렇게 보드게임을 한두 개씩 늘려 가는 중이었는데, 문득 한 생각이 머리를 스쳤다. 보드게임 모임에서 함께 게임을 했던 선생님들 중 보드게임을 하면 평소의 이미지와 전혀 다른 모습을 보이는 분이 종종 계셨다. 나도 건이와 게임을 하면 이 아이의 새로운 모습을 볼 수 있지 않을까 싶었다. 그래서 방과 후 함께 보드게임을 하자고 건이에게 제안했다.

그날, 아이가 수학을 적극적으로 했던 것을 떠올리고는 〈다빈치 코드〉를 꺼냈다. 아이는 흔쾌히 제안을 수락했다. 간단하게 게임 설명을 해 줬다. 평소라면 이것저것 물어볼 만도 한데, 게임을 설명할 때는 잠자코 듣고만 있었다. 게다가 실제 게임을 하는 모습은 더 낯설었다. 아이는 꽤 진지했다. 말이 거의 없이 상대방의 수를 추리했다. 집중해서 한 수 한 수를 두었다. 내가 당연히 이길 줄 알았던 게임에서 건이가 나를 이겼다. 아이가 이긴 것도 놀랐지만, 그보다 더 놀란 건 보드게임을 할 때 몰입하는 건이의 모습이었다. 나는 이 순간을 놓치고 싶지 않았다. 그래서 건이에게 내 감상을 들려 줬다.

"우와. 건이 너 정말 놀라운 집중력이다. 어떻게 이렇게 잘 맞히니?"
"그냥 가만히 생각해 보니까 보이던데요."
"선생님은 건이의 새로운 면을 봐서 너무 좋았어. 졌지만 오늘 참 기분 좋다."

아이는 갑작스러운 칭찬에 당황했나 보다. 그런데 이런 말을 하면서 더 당황한 건 사실 내 마음이었다. 그동안 문제를 일으키는 아이라고만 봤던 것이 떠올라 부끄러워졌다. 이런 진지한 면도 가지고 있는 아이인데, 나는 아이가 가진 다양한 면 중에 작디작은 한 부분만으로 아이를 판단했다는 사실을 받아들여야 했다. 이 일을 계기로 아이와 나의 관계는 극적으로 바뀌었다. 전에 못 느꼈던 새로운 모습들이 보이기 시작했다. 아이는 매일 아침 여동생을 교실 앞까지 데려다주고 있었다. 친구가 모르는 문제가 있으면 "내가 알려 줄까?" 하고 도와줬다. 게다가 하교 시간이 되었어도 친구가 모르면 가방을 등에 멘 채로 친구가 알 때까지 설명해 주는 것이었다. 그리고 친구가 결국 해내는 걸 보고서야 건이는 집에 갔다. 외면했던 아이의 모습이 보이자 아이의 '놀리는 행동'의 의미가 다시 보였다. 그것은 바로 친구에 대한 '관심'이었다.

보드게임은 학생이 아닌 진짜 그 아이를 만나게 해 준다. 보드게임을 하는 순간, 교육과정이라는 안경을 벗고 학생이 아닌 그 아이의 속을 들여다보게 된다. 내가 마음을 보여 주면 아이도 마음을 보여 준다. 그렇게 마음의 길이 열리면, 게임이 끝나고 우리가 함께한 시간은 참 특별해진다.

그날 이후 교실을 들어갈 때 건이를 바라보면 장난스러운 건이와 진지한 면을 가지고 있는 건이가 동시에 보였다. 그리고 나 역시 아이를 대할 때 이 아이의 다른 면이 분명히 있음을 믿고 대하기 시작했다. 아이도 그것이 느껴졌는지 마음을 쉽게 열어 주었다. 지금 생각해 보면 정말 잊지 못할 순간이다. 보드게임은 진짜 그 아이의 모습을 만나게 해 주는 이벤트다.

보드게임은 아이들에게
'문화'를 만들어 준다

우리 반의 모둠 활동이 있다. 바로 모둠 포인트를 모으면 반 전체에게 돌아가는 '전체 보상'으로 연결되는 협력보상 시스템이다. 모든 모둠이 전체 보상 포인트를 다 모으면 자유 시간이 한 시간 주어진다. 몇 년 전, 반 전체의 보상 포인트가 모여 아이들끼리 자유 시간에 무엇을 할지 정할 때였다.

"자, 돌아가면서 자유 시간에 뭐 할지 이야기해 보세요."

"선생님, 스마트폰이요!"

"응? 스마트폰?"

"폰 좋다! 폰 해요!"

만장일치로 자유 시간에 스마트폰을 하기로 정했다. 예전에는 자유 시간에 영화나 피구가 나왔다. 그런데 스마트폰이라니, 정말 의외였다. 평소라면 떠들썩한 교실에 '조용히 해 줄래?'라는 말을 해야 했다. 하지만 폰에 이어폰을 꽂는 순간 교실은 순식간에 조용해졌다. 아이들이 분명 꽉 차 있는데, 그렇게 조용할 수가 없었다. 마치 독서실에 온 듯한 그 모습이 너무 생소했다. 사실 그간 영화나 체육을 하게 되면 소음 때문에 걱정이 들기도 했어서 조용한 분위기가 내심 반갑기도 했지만, 너무나도 다른 모습에 의아하기도 했다. 그렇게 40분 동안 들린 소리라고는 과자 먹는 소리와 간간이 들리는 의자나 책상 움직이는 소리가 전부였다.

스마트폰은 아이들의 일상의 많은 틈에 깊숙이 들어가 있다. 친구를 기다린다고 복도에서 스마트폰을 하고, 조회대나 길에서도 스마트폰을 한다. 4차 산업혁명 시대에 스마트폰이 새로운 소통 도구로 언급되기도 하지만, 내 생각은 조금 다르다. 기본적인 소통은 얼굴을 맞대고 하는 것이어야 한다. 상대방의 얼굴을 마주 보고, 서로의 목소리를 말하고 들으며 공감하고, 또 다음 이야기로 확장된 대화를 해야 한다는 것이다. 그리고 그것이 자연스럽고 편안할 때, 소통을 확장하기 위해 스마트폰을 쓰는 식이 되어야 한다. 빌 게이츠나 스티브 잡스 같은 IT 업계의 거물들이 어린 자녀에게 스마트기기를 주지 않았다는 일화는 아직 발달 시기에 있는 초등학생들에게 그만큼 특별한 의미가 있다는 것을 내포한다. 소통 방법을 배우고 익혀야 할 시기에 스마트폰이 마치 소통의 전부인 양 여겨지고 있다는 것은 분명 배워야 할 것을 건너뛰고 있는 것과 다를 바 없다.

사실 아이들에게는 소통 거리가 부족하다. 예전에는 짧은 쉬는 시간에 말뚝박기나 고무줄놀이를 하면서 친구들이랑 재밌게 노는 문화가 있었는데, 요즘에는 그런 모습을 보기 힘들다. 익숙한 아이들과 서로 이야기하거나 친한 아이들끼리 몰려다닌다. 같은 반에 있지만 아이들은 따로 놀았고, 반 안에 무리를 짓고, 테두리를 그었다. 반 안에 여러 가지 작은 또래 문화들이 존재했다. 그 문화는 배타적이어서 다른 친구들을 그 안으로 잘 초대하지 않았다. 그러다 보니 노는 아이들은 늘 같은 아이들이다.

이런 모습이 눈에 들어올 때 보드게임을 학교에 하나둘 놓고 아이들에게 조금씩 알려 주기 시작했다. 쉬는 시간에 시간이 나면 보드게임을 하자고 꼬셔서 같이 놀았다. 바둑이나 장기 같은 추상전략 보드게임을 교실 한쪽에 두고 '선생님을 이겨라!'와 같은 게임도 했다. 코로나 전 점심시간에는 아이들과 밥 먹으면서 할 수 있는 '넌센스 게임'이나 '몸으로 전달하기' 게임을 만들어서 아이들과 소통했다. 그랬더니 아이들의 쉬는 시간이 조금씩 달라지기 시작했다.

하린이는 단짝인 은진이와 노는 것을 좋아한다. 쉬는 시간이나 공부 시간에 짝을 이루는 활동을 할 때도 꼭 은진이와 다니려고 한다. 그렇다고 다른 아이와 안 노는 것은 아니지만, 지내는 것을 보면 온도 차이가 느껴진다. 게다가 공부하기 싫다는 말을 스스럼없이 한다. 활동이 끝나고 피드백을 해 달라고 하면 볼멘소리가 터져 나온다.

"재미없는데요."

"진짜 별로예요."

오늘은 나름 재미있는 주제였는데, 혹시 재미있다고 하지 않을까 기대도 해 보지만 대부분 부정적인 피드백이 되돌아온다. 그런데 하린이도 게임을 하면서 조금씩 달라졌다. 코로나라 점심시간에 서로 이야기를 할 수 없게 하려고 가림막을 설치했다. 그리고 설치한 장치를 이용해서 이 기회에 '몸으로 전달하기 게임'을 했다. 가림막을 사이에 두고 손짓과 표정으로 무언가를 설명하면, 친구에게 똑같이 전달하고, 그 친구는 다시 내게 와서 설명하려는 게 무엇인지 말하는 게임이다. 하린이는 재미있는지 마스크 안에서 웃는 것이 느껴질 정도였다. 아이는 밥을 다 먹고 나면 가림막을 사이에 두고 나를 기다렸다. 급식실에서 교실로 이동할 때는 나를 미행하듯 따라왔다. 이만하면 아이 마음도 부드러워진 것 같이 보였다. 그렇게 하린이와 점심시간에 간간이 보드게임을 했다.

평소에 집에 있는 보드게임을 하나씩 학교에 가져와서 아이들에게 소개해 줄 때가 있는데, 그날도 그런 날이었다. 아침에 게임을 보여 주며 아이들에게 말했다.

"이따가 점심시간에 보드게임 할 건데 함께할 사람?"

"저요!"

"저두요!"

아이들이 너도나도 손을 들었다. 잘됐다 싶어 하린이에게도 같이 하자고 제안했다.

"이 게임을 하려면 네 명이 하는 게 좋은데. 하린아! 같이 할래?"

"네 저도! 할래요."

"그래 같이하자."

이렇게 네 명이 모였다. 한 20분 게임을 했는데, 그중에 10분은 설명, 5분은 시뮬레이션하는 데 썼다. 실제 게임은 두 번씩 차례가 돌아가니 끝이 나 버렸다. 어느새 금방 밥 먹을 시간이었다. 내가 하자고 해 놓고 이렇게 금방 끝나 버리니 선생님으로서 좀 미안했다.

"하하하, 시간이 다 됐다. 이제 밥 먹으러 갈 시간이야."

"그래요? 우와, 이 게임 진짜 재미있어요. 선생님! 우리 다음에 또 해요."

"어? 그래? 얼마 못했는데 미안하다."

"아니에요. 진짜 재미있어요."

하린이는 보드게임이 무척 재미있던 모양이었다. 이후로도 하린이는 평소 이야기해 보지 않았던 아이에게도 게임을 같이하자는 제안을 했다. 아이의 경계가 부드럽게 변하는 것이 보였다. 그렇게 친한 친구와 그렇지 않은 친구가 뒤섞여 놀았다.

"나랑 보드게임 할래?"

보드게임을 하려면 필요한 사람 수가 있다. 그래서 새로운 친구에게 하자고 제안하는 말을 해야 한다. 아직 잘 모르는 아이라도 재미있는 걸 같이 하다 보면 그 친구가 편해지고 그 친구와 다시 해 보고 싶어진다. 이런 우연한 만남 속에서 아이들은 서로서로 연결된다.

우리 반의 쉬는 시간은 자연스레 보드게임을 하는 시간으로 채워져 간다. 때로는 문제가 생기기도 하지만, 아이들은 서로 간의 회의를 통해 규칙을 정해가며 스스로의 학생 문화를 만들어 간다. 그렇게 보드게임은 아이들에게 문화를 만들어 준다.

PART **2**

보드게임으로
**아이의 '지능지수'
높이기**

수학과 친해지기
〈크로싱〉

수학은 (적어도 학교 수학을 만나기 전에는) 무척 흥미로운 규칙을 가지고 있는 의사소통 도구다. 아마 정확함을 가장 좋아하는 언어(?)가 아닐까 싶다. 살면서 맞이하는 애매한 문제들을 수학으로는 정확하게 해결할 수 있다. 예를 들어, 5명이 일을 하고 빵 4조각을 임금으로 받을 상황에 놓여 있다고 가정해 보자. 빵을 하나씩 나눠 가지려면 하나가 모자라다. 어떻게 나누어 가져야 할지 난감하기까지 하다. 이를 해결하려면 수학이 필요하다. 아이들에게 이런 실생활에서 일어난 문제를 제공하면 몰입도가 높다. 창의력 문제라면서 제공하면 아이들은 수학이라고 생각 못 하는 듯하다. 수학을 싫어하는 아이들도 자리에서 엉덩이를 들썩이며 문제를 푼다.

수학이 실생활과 멀어질수록 수학에 대한 흥미는 떨어지고 딱딱한 느낌을 받게 된다. 문제를 읽고 식을 만들라고 하는데, 영어 문장을 해석하는 것보다 더 어렵게 느껴진다. 영어와 같은 외국어는 외국어 단어나 문장에 우리나라 해석을 붙이면 된다. 하지만 수학은 여기서 한 발 더 나가야 한다. 주어진 문장을 수학기호로 변환하는 것이 아니라, 해독해야 하는 인코딩 과정이 필요하다. 게다가 낮은 수준의 수학 개념은 다음 단계의 수학을 하는 데 필요하다. 분명 충분히 할 수 있는데도 한 번 놓치면 다시 도전하기 어렵다. 지금 하는 과정 훨씬 이전에 배워야 하는 것부터 다시 배워야 하니까 학습량이 두 배 이상으로 늘어난다. 그리고 이런 상태가 누적되면 '나는 수학을 못 한다'라는 생각이 굳어진다.

아이들은 어디서부터 막힐까? 수학을 어려워하는 아이들은 대부분 받아올림이 있는 덧셈부터 어려움을 느낀다. 이전 단계인 10을 가르기 모으기 할 때는 신나게 한다. 손가락 개수만큼을 가지고 하는 조작은 아이들에게 익숙할뿐더러 다른 무엇보다 쉽다. 그러다가 7+5 같이 받아올림이 있는 덧셈으로 가면 막히기 시작한다. 5를 3과 2로 갈라야 7에 3을 주어 십을 만들고 남은 것이 일의 자리로 가는데, 아이들에게 있어 이 상황은 너무도 생소하고 낯설게 느껴진다. 여기서 이해가 안 되면, 이후에 있을 수학을 답답한 마음으로 맞이하게 된다. 이런 경험이 쌓일수록 아이들은 수학을 싫어하게 되고, 달콤한 공식 암기의 늪으로 쉽게 빠진다. 나중에는 숫자만 보면 뱅글뱅글 돌아가기 시작할지도 모른다.

그렇다면 어떻게 해야 할까? 답은 간단하다. 수학이 우리의 '실생활'과 연결되어야 한다. 수학이 생활과 연결되면 적극적 동기가 생긴다. 가령 '수학인 듯 수학이 아닌 듯한' 창의적 문제를 아이들에게 제공하면 아이들은 '어떻게 하지?'라는 말부터 한다. 아이들이 어려워하는 것 같아 답을 알려 주려고 하면, 이때 아이들은 신기하게도 '알려주지 마세요.'라고 한다. 풀듯 말 듯, 할 수 있을 것 같기도 한 이런 느낌이 스스로 해 보고 싶은 욕구를 자극하는 것이다. 그렇게 아이들은 답을 알아 버렸을 때의 찝찝함보다 해결됐을 때의 짜릿함을 선택한다. 이 순간이 곧 수학과 자신의 삶이 연결된 순간이다. 억지로 풀어야 하는 과제에서 풀고 싶은 욕구로 변한 것이다.

보드게임에도 이와 비슷한 현상이 있다. 일단 게임에 참여하면 자연스럽게 자신만의 목표가 세워진다. 점수를 많이 모을 것인지, 함께하는 사람의 수를 읽을 것인지 같은 것이다. 이렇게 하다 보면 어느덧 그 과정에 몰입하게 된다. 이 '몰입'이라는 재미 요소는 '내가 지금 하고 있는 게임'이 '내가 하고 싶은 일'이 되도록 만들어 준다. 이처럼 수학에도 내가 하고 싶게 만드는 시스템이 필요하다.

특히나 수학 단원 중에 가장 어려워하는 영역이면서 많은 부분을 차지하고 있는 영역이 바로 '수와 연산'이다. 아이들은 이 능력을 얻기 위해 숫자로만 이루어지는 계산을 반복해서 풀게 된다. 처음에는 뇌를 많이 쓰는 것 같지만, 반복하면 곧 익숙해진다. 다만, 우리의 뇌는 반복을 싫어한다. 점차 지루함을 느끼게 되면 뇌의 자극이 줄어든다. 이럴 때 필요한 것이 바로 '재미'다.

크로싱   게임 소개

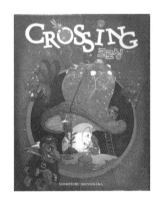

<크로싱>은 참여자가 동시에 선택하는 시스템을 가지고 있다. "하나, 둘, 셋!" 하고 외치고 동시에 원하는 보석을 가리킨다. 자신의 선택에 따라 보석을 얻기도 하고 잃기도 한다. 내가 가진 보석, 놓여 있는 보석, 상대의 보석을 보고 무엇이 나에게 이득인지 전략적으로 판단해야 한다. 주머니 속 보석을 모두 사용하면 가져온 보석의 수를 센다. 아이들은 보석을 비교하면서 자신도 모르게 덧셈, 뺄셈을 하게 된다.

크로싱 게임 방법

이미지 가이드는
QR코드를 통해 확인하실 수 있습니다.

① 버섯 타일을 참여자의 수보다 하나 적게 놓는다.

② 각자 마음이 드는 캐릭터 타일을 가져와 자신의 앞에 밝은 면으로 놓는다.

③ 보석 주머니에서 무작위로 보석을 꺼내 버섯 타일에 2개씩 올려 둔다.

④ 게임을 시작한다. 아무나 "하나, 둘, 셋!" 하고 신호를 외치면 모두가 동시에 보석을 가리킨다.

⑤ 같은 곳을 가리켰다면 아무도 보석을 갖지 못한다. 혼자만 가리켰다면 그 보석을 가져와 내 캐릭터 위에 올려 둔다.

⑥ 다시 보석을 2개씩 놓는다.

⑦ "하나, 둘, 셋!" 신호와 함께 보석을 가리킨다.

⑧ 보석을 가져간 사람은 자기 보석을 지킬 수 있다. 신호와 함께 손으로 보석을 감싸면 완전히 내 것이 된다.

⑨ 보석을 지키면 캐릭터 타일을 뒤집고 한 턴을 쉰다.

⑩ 다시 보석을 2개씩 놓고, 선택하는 과정을 반복한다.

⑪ 더 이상 보석이 남아 있지 않을 때 게임이 끝난다.

⑫ 가져온 보석을 센다. 가장 많은 보석을 가져온 사람이 승리한다.

⑬ 익숙해지면 원래의 게임 점수 규칙을 적용해 게임을 진행해 본다.

크로싱 점수 규칙

❶ 빨강 1 + 파랑 1 + 노랑 1 세트당 5점
❷ 투명보석 2점씩
❸ 빨강, 파랑, 노랑 낱개 1점씩

크로싱 게임 후 돌아보기

- (저학년) 나는 몇 개의 보석을 가져왔는지 하나씩 세어 보세요. 나는 몇 개를 가져왔나요?
- (저학년) 손으로 쥐어 보세요. 내가 가져온 보석을 손바닥으로 느껴 보세요. 묵직하나요? 보석이 손가락으로 빠져나가지 않고 쏙 들어가나요? 어떤 느낌이 드나요? 여러분들이 가져온 보석의 수를 손에 넣으면 이 정도의 느낌이 듭니다. 몇 개인지 세어 보세요.
- (공통) 게임을 하면서 가장 기억에 남는 장면은 언제였나요? 글로 적고 서로 이야기 나눠 보세요.

관련 보드게임

셈셈눈썰매장, 더 마인드, 다빈치 코드, 젝스님트, 페이퍼 사파리,
수모쿠, 아이씨 텐, 렛 어택 캣, 로보77

수와 연산은 그 과정에 머물러야 한다. 머물러서 꾸준히 하다
보면 익숙해지고, 나중에는 아주 쉽게 할 수 있다. 관건은 익숙해
지기까지의 머무름이다. 보드게임을 통해 아이들이 재미있게 수
놀이에 머무를 수 있게 해 주자.

수학 능력

숫자 익히기
〈아이씨 텐〉

"하나, 둘, 셋, 넷…. 동물이 몇 마리일까?"

수를 가르쳐야 하는 나이가 되면 어른이 먼저 '하나, 둘, 셋' 하고 수를 세고 난 뒤, 아이에게 종종 위와 같은 질문을 던진다. 수를 세 보라는 뜻인데, '수 세기'는 사실 꽤 높은 능력이다. 우선 눈앞에 보이는 동물을 가지고 종류·모습·크기 등 그 동물의 보이는 특징은 빼고, 보이지 않는 '동물'이라는 하나의 공통적인 특징으로 묶어 보는 추상화 작업을 해야 한다. 그리고 그것을 다시 숫자로 바꾸고 수를 말로 표현해야 한다. 이런 복잡한 과정을 거쳐 수 세기를 배우게 된다.

이때, 어려운 것은 동물을 동물의 이름으로 부르지 않고 숫자로 불러야 한다는 점이다. 아이들은 그동안 '코끼리', '강아지'라고 부르던 것들을 '하나'와 같은 숫자로 바꾸어 불러야 한다. 코끼리부터 세면 코끼리가 '하나'가 되는 것이다. 어른에게는 너무나 당연한 작업이지만, 아이는 충분히 고개를 갸우뚱할 만하다.

아이들은 수에 대한 양감과 크기를 익히면서 동시에 수의 이름도 배우게 된다. 보통 곧고 구부러지고 동그란 모양의 숫자를 그리면서 익히는데, 이 과정에서 무한 반복 활동이 이루어진다. 게다가 이때 수 세기도 함께 이루어지는데, 익숙지 않은 추상적 사고를 해야 하므로 아이들이 무척 어려워한다. 뇌에서 지루함을 느끼는 반복 활동인 데다가 어렵기까지 하니, 아이들로서는 엎친데 덮친 격일 것이다.

뇌는 다섯 번에서 여섯 번 정도 같은 자극이 들어올 때 그 자극을 의미 있는 것으로 받아들인다. 그후 작업기억에서 장기기억으로 넘어가기 위한 부호화를 거치면 장기기억으로 넘어가게 된다. 부호화는 곧 인코딩이라 생각하면 되는데, 쉽게 말해 기억하기 쉽도록 자신만의 방식으로 재가공하는 것이다. 예로 '5'라는 숫자를 배운 뒤 '6'이라는 숫자를 새롭게 배울 때, 그 모양을 '전에 배웠던 5와 비슷한데 6은 막혀 있구나'라고 생각하는 것이다. 그렇게 장기기억으로 들어간 정보들은 인출단서들을 접하면 언제든 다시 꺼내쓸 수 있게 된다. 즉 '6'이라는 숫자를 배우고, '5 다음으로 오는 숫자인데 5랑 비슷하게 생겼어. 이걸 뭐라고 부르지?'라는 질문을 받는다면 이것이 곧 인출단서가 되는 것이다.

하지만 같은 인출단서만 제공한다면 반복을 싫어하는 뇌는 역시 지루함을 느낀다. 흥미를 느끼던 일도 반복할 경우 뇌의 움직임이 소극적으로 변하게 된다. 뇌 입장에서 익숙해지면 특별한 노력을 하지 않아도 쉽게 할 수 있기에 생존을 위해 최소한의 기능만 하게 되는 것이다. 그래서 뇌가 예측하지 못하는 상황과 적절한 변화가 주어져야 뇌가 움직이기 시작한다. 이를 위해서는 다양한 자극을 통해 지루하지 않으면서도 재미를 느끼는 인출이 일어나게끔 해야 한다.

아이씨 텐   게임 소개

    <아이씨 텐>은 기본적으로 덧셈을 익히는 게임이다. 하지만 게임을 조금만 변형하면 수 이름을 쉽고 재미있게 익히는 게임으로 바꿀 수 있다. 처음에는 아이에게 숫자와 친해지는 것으로 활용되며, 익숙해지면 수 이름을 익히는 게임으로 확장할 수 있다. 실제 게임에 들어가면 어른이든, 아이든 게임은 비슷하게 흘러간다. 게임을 많이 한 사람도 처음 하는 사람도 상관없다. 가르치려 하지 말고 플레이어로 참여해 보자. 아이들의 놀라운 집중력을 보게 될 것이다.

아이씨 텐   게임 방법

이미지 가이드는
QR코드를 통해 확인하실 수 있습니다.

기본 방법

❶ 타일의 앞면에는 물고기가 있고, 뒷면에는 1~9까지의 숫자와 상어가 있다.

❷ 타일을 물고기가 보이게 펼쳐 놓는다.

❸ 순서를 정하고 첫 번째 사람부터 타일을 하나씩 4개를 뒤집는다.

❹ 뒤집다가 같은 숫자가 나오면 가져간다. 타일의 개수가 그 사람의 점수가 된다.

❺ 같은 타일이 나온 사람은 보너스로 타일을 하나 더 뒤집을 수 있다. 만일 원하지 않으면 하지 않아도 된다.

❻ 보너스까지 하고 나면 다음 사람에게 차례를 넘긴다. 뒤집은 타일은 그냥 둔다.

❼ 만일 뒤집었는데 상어가 나오면 그동안 가져갔던 타일을 상어 타일과 함께 버린다.

❽ 남은 물고기 중에 더 이상 같은 숫자가 없거나 타일이 남아 있지 않으면 게임이 끝난다.

❾ 가져간 타일을 센다. 그 개수가 자신의 점수가 된다. 점수가 가장 높은 사람이 승리한다.

※ 본 규칙은 '숫자와 친해지기'에 맞게 변형한 규칙임을 밝힌다.

이미지 가이드는
QR코드를 통해 확인하실 수 있습니다.

응용 방법

❶ 기본 단계를 거쳐 수와 친해진 뒤, 숫자 모양과 이름을 익힌다. 여러 번 반복하며 익혀야 제대로 게임을 할 수 있다.

❷ 이번 판에는 같은 숫자가 나오면 이름을 불러야 타일을 가져
갈 수 있다. 이름을 다르게 말하면 타일을 가져갈 수 없다.

❸ 타일을 물고기가 보이게 늘어놓는다.

❹ 순서를 정하고 자기 차례에 타일을 하나씩 4개를 뒤집는다.

❺ 뒤집다가 같은 숫자가 나오면 수의 이름을 말한다. 맞으면
가져간다. 타일 개수가 점수가 된다.

❻ 같은 타일이 나온 사람은 타일을 하나 더 뒤집을 수 있다.
하지만 뒤집지 않아도 된다.

❼ 타일을 다 뒤집었는데 같은 숫자가 나오지 않으면 차례를
마치고 다음 사람에게 순서를 넘긴다.

❽ 타일을 뒤집었는데 상어가 나오면 그동안 가져갔던 타일
을 상어와 함께 버린다.

❾ 더 이상 같은 숫자가 나오지 않거나 타일이 남아 있지 않으
면 게임이 끝난다.

❿ 가져간 타일 수를 센다. 그 수가 자신의 점수가 된다. 가장
점수가 많은 사람이 승리한다.

※〈아이씨 텐〉의 기본 게임은 더해서 10을 만드는 게임이다. 연산을 공부하는 단계에 있는 아
이라면 기본 게임을 추천한다. 기본 게임에 익숙해졌다면 10 만들기에서 15나 20 만들기로
난이도를 조절할 수 있다.

게임을 하고 나면 아이들이 또 하자고 한다. 방금 했던 것보
다 잘할 수 있겠다는 생각과 해 볼 만하다는 느낌이 들어서 그렇

다. 보드게임은 지는 것에 대한 실망감도 들지만, 대부분은 견딜 수 있는 정도의 좌절감이다. 다시 게임에 몰입하며 이기기 위해 자신의 전략을 수정한다. 공부와의 차이점은 바로 '스스로 선택한 동기가 생긴다'는 점이다. 하고 싶은 의욕은 행동으로 옮겨 간다. 좋아하는 구절 중에 '중용 23장'이 있다. 영화 <역린>에서 정재영이라는 배우가 상선 역으로 나와 읊어 유명해진 구절이기도 하다. 이걸 보드게임으로 바꿔 적으면 이렇다.

다시 하고 싶으면 또 하게 되고
또 하면 잘하고 싶고
잘하고 싶으면 최선을 다하게 되고
최선을 다하면 겉에 배어 나온다
겉으로 배어 나오면 밝아지고 곧 능력이 된다

능력은 '반복하는 힘'에서 생긴다. 보드게임으로 수 개념을 즐겁게 익혀 보자.

수학 능력

수 세기 능력
〈다빈치 코드〉

수 세기 능력은 '수 세기 원리(Gelman과 Gallistel)'와 '합리적 수 세기(Copeland)'에 근거한 수행 능력을 말한다. 아이가 구체물을 수세기 할 때는 1:1 대응을 하는지, 정해진 순서의 원리를 이해하고 수 단어와 세는 사물을 연결시켜 한 집합 안에 있는 사물의 개수를 얼마만큼 셀 수 있는지, 기수성 원리의 인식으로서 집합의 총수를 알고 있는지 등을 본다.

용어 설명을 쉽게 하자면, 바둑돌을 가지고 한 번에 한 개씩 세서 바둑돌이 모두 몇 개인지 알 수 있게 하는 것이다. 이 능력이 생기면 사물을 '하나, 둘, 셋, 넷, 다섯, 여섯, 일곱…' 하며 셀 수 있다.

또한, 수 세기 능력이 생기면 숫자만 보고 어떤 숫자가 얼마나 더 큰지 비교할 수 있다. 이 정도 능력이 생기면 다양한 활동이 가능하다. 그리고 숫자를 가지고 놀 수 있다. 이렇듯 수를 다양하게 가지고 놀게 되면, 숫자에 대한 거부감이 사라지고 수학을 재미있게 느낄 수 있다.

수 세기는 모든 수학에서 가장 기본이 되는 능력이다. 만약 수 세기가 어렵다면 낮은 단계부터 다시 배워야 한다. 문제는 바로 '지루함'과 '비교'다. 수학 시간에 모르는 문제를 알려 주면 눈의 초점이 불안하게 흔들리는 아이가 있었다. 아이는 수학을 무척 힘들어했다. 고학년이었지만 고정된 그림 자료를 보고 수 세기를 했다. 아이는 6 이상의 수를 세지 못했다.

"(양 한 마리가 그려진 그림을 보고) 세 볼까?"

"하나요."

"(양 두 마리가 그려진 그림을 보고) 세 볼까?"

"둘이요."

"(양 여섯 마리가 그려진 그림을 보고) 세 볼까?"

"일곱…, 아홉?"

다시 한 마리부터 열 마리까지 차근차근 알려 줬다.

"양이 한 마리 그려져 있지? 이건 하나, 두 마리 그려져 있으면
둘…."

다시 세어도 마찬가지였다. 30분을 지도했는데 학습했다는 결
과를 보여 주지 못했다. 교사의 말을 따라 하고 있지만, 그 내용
이 머릿속으로 들어가는 것을 거부하는 것 같았다. 최선을 다해
몇십 분을 가르쳐 주고 있는데, 아이가 기본적인 것을 모르니 답
답하기도 했다. 결국 아이에게 수 세기 능력이 아직 형성되지 않
았다는 판단을 내렸다.

이후 사물과 숫자를 1:1 대응시키는 것부터 연습했다. 웬만큼
하고 나서 그다음은 숫자의 순서를 아는 단계였다.

"선생님이랑 오늘 남아서 보드게임 할 사람?"

"저요!"

"선생님, 저 보드게임 잘해요!"

평소에 일찍 학교를 나서던 아이들이 보드게임을 한다고 하니
까 갑자기 일정이 없다며 적극 나섰다. 그 아이에게도 함께하자
고 제안했더니 흔쾌히 하겠다고 했다. 아이와 친구들이 함께할
수 있는 보드게임인 〈다빈치 코드〉를 꺼냈다.

〈다빈치 코드〉는 0부터 11까지의 숫자가 흰색과 검은색 타일

에 쓰여 있어. 자기 차례가 되면 타일을 5개씩 가져가. 그리고 숫자 크기대로 왼쪽부터 오른쪽으로 타일을 놓으면 돼. 선생님이 시범을 보여 줄게."

나는 타일을 5개 가져왔고, 하나씩 순서대로 늘어놓았다.

"이번에는 선생님이 타일을 가져갈 테니까 뭐부터 놔야 하는지 말해 줄래?"

아이들이 다 같이 숫자의 순서대로 설명해 줬다.

"마지막이야, 너희들이 타일을 가져가서 직접 숫자 순서대로 놓아 봐."

아이들이 가운데 타일을 가지고 순서대로 놓으려고 했다. 그 아이는 타일을 잘 놓지 못했다. 옆에서 알려줘 가면서 타일을 재배치했다. 아이는 수의 순서를 알지 못했다. 하지만 괜찮다. 무엇을 알지 못하는지 알면 가르쳐 주면 되니까.

게임을 시작하니 아이들은 사뭇 진지했다. 서로 상대방의 타일을 맞히기 위해 한 수 한 수 신중하게 생각했다. 그 아이도 마찬가지였다. 자신의 차례에 다른 친구의 타일을 손가락으로 지목했고, 맞히면 손뼉을 치면서 좋아했다. 반대로 틀리면 '아후!' 하며 아쉬워했다. 아이는 숫자를 수학으로 생각하지 않고 순수 게임으로 생각했다. 분명히 수학을 배우고 있는 건데, 마치 노는 것 같았다. 수학과 게임의 감정 분리였다. 사실 수학하는 것은 여기서부터 시작한다. 재미를 느끼면 수학을 수학으로 보지 않고, 공부를 공부로 보지 않은 채 몰입할 수 있다. 그리고 이기려는 과정에서 배우게 된다. 게임을 잘하고 싶다는 목표가 수의 순서를 알고 싶다는 마음으로 옮겨간 것이다.

다음 날, 수업이 끝나고 복도에서 아이와 이야기를 하는데 아이가 불쑥 이렇게 말했다.

"선생님, 어제 〈다빈치 코드〉 너무 재미있었어요. 또 하고 싶어요."

이걸로 충분했다. 아이가 수 계열을 익힐 수 있겠다는 확신이 들었다.

다빈치 코드 게임 소개

보드게임 〈다빈치 코드〉는 수의 순서를 익힐 수 있는 게임이다. 0부터 11까지의 숫자 타일을 규칙에 맞게 놓고, 상대방의 뒤돌아 있는 타일을 짐작한다. 게임을 하기 위해서는 숫자들의 순서를 알고 있어야 하지만, 몰라도 괜찮다. 게임이 이것을 익혀야 할 계기가 되어 준다. 만약 수의 순서를 이미 알고 있더라도 괜찮다. 자신이 알고 있는 숫자와 상대방에게 있을 것 같은 숫자를 예상하면서 자연스럽게 추론하는 능력을 높일 수 있다.

이미지 가이드는
QR코드를 통해 확인하실 수 있습니다.

① 모든 타일을 뒤집어 잘 섞은 후, 각자 타일을 4개씩 가져온다. 그리고 나머지 타일은 중앙에 보이지 않게 뒤집어 놓는다.

② 가져온 타일을 왼쪽에서 오른쪽 방향으로 숫자가 커지게 끔 정리한다. 숫자가 같으면 검정 타일을 왼쪽에 둔다. 조커 타일은 색과 상관없이 어느 곳에 두어도 괜찮은데, 처음에는 빼고 하는 것을 추천한다.

③ 순서가 되면 뒤집힌 타일 1개를 가져와 순서에 맞게 정리하고, 상대방의 타일 중 하나를 가리켜 "이거, 6!" 하는 식으로 숫자를 추리한다.

④ 맞히면 가리킨 타일을 공개하고, 계속 추리할지 차례를 넘길지 정한다. 틀렸다면 방금 가져온 타일을 공개해야 하고, 차례를 넘긴다. 가져온 타일이 없을 경우엔 아무 타일이나 1개를 공개한다.

⑤ 자신의 타일이 모두 공개되면 더 이상 게임에 참여할 수 없고, 마지막까지 살아남는 사람이 승리한다.

추상적인 수학은 삶과 연결될 때 하고 싶은 마음이 든다. 게임을 통해 아이들에게 지금 하는 행동을 해야 하는 작고 특별한 이유를 만들어 준다.

수학적 사고력
〈수모쿠〉

구체물은 실물을 말한다. 사과 10개면 사과 10개가 구체물이된다. 어린아이들은 구체물을 직접 만지고 놀며 자연스럽게 수감각을 익힌다. 구체물은 아이들에게 보여 줄 수 있고 무엇인지그리고 몇 개인지 떠올리기 쉽다는 장점이 있지만, 수학적으로활용할 때는 큰 단점이 있다. 바로 크기에 제한을 받는다는 점이다. 자동차 10대를 떠올리게 하기 위해 해당 구체물을 준비할 수는 없다. 그래서 수학에서는 반구체물을 사용한다. 반구체물은 구체물 대신 사용하는 바둑돌이나 공깃돌, 블록 등을 말한다. 이와 같은 반구체물을 사용할 때는 아이들과 약속을 한다.

"바둑돌 하나가 자동차 한 대라고 하자."

이 순간 바둑돌 한 개는 자동차 한 대가 된다. 이 과정에서 추상화가 일어나게 된다. 이렇게 바둑돌, 공깃돌과 같은 반구체물로 가르기와 모으기를 하고 나면 아이들은 덧셈을 배우게 된다. 실생활에서 덧셈을 사용하는 상황은 '합'과 '더하기', 이렇게 두 가지가 있다.

| (합) | "오리 2마리와 거위 3마리가 있는데, 모두 몇 마리일까요?" |
| (더하기) | "오리 2마리가 물가에서 놀고 있는데, 거위 3마리가 물가로 왔습니다. 모두 몇 마리일까요?" |

둘은 같아 보이지만 약간의 차이가 있다. '합'은 현재 세려고 하는 것들을 한눈에 볼 수 있는 상황이다. 위 사례를 보면 눈앞에 오리와 거위가 모두 있다고 상상하게 된다. 동물원 사육사가 우리에 있는 동물들을 모두 셀 때, 그리고 우리 반 친구 중 안경 쓴 친구들을 셀 때 이렇게 센다. 반면, '더하기'는 이곳에 이미 무엇이 있는데, 이곳으로 새로운 것이 더해지는 상황이다. 위 사례를 보면 오리가 물가에서 놀고 있고, 나중에 거위가 물가로 걸어오

는 상상을 하게 된다. 친구가 생일 선물을 줬는데 다른 친구가 또 줄 때, 내가 동그랑땡을 가져왔는데 엄마가 하나 더 줄 때가 이런 상황이다. 앞의 경우를 '합병'이라고 하고, 뒤의 경우를 '첨가'라고 한다.

덧셈에 대한 이해가 끝나면, 이제는 수를 가지고 다양하게 노는 단계다. 마치 체육 시간에 기능을 배워 게임에 적용하는 것과 비슷하다. 게임을 하며 잘 풀리지 않는 부분이 있다면, 다시 기능을 연습하는 단계로 순환한다. 덧셈의 과정도 이와 흡사하다. 보통은 문제를 풀거나 미션을 수행하는데, 이때는 친해지는 데 중점을 둔다. 하지만 여기에는 체육 시간의 게임처럼 실제 상황에의 적용이 없다. 실생활과 관련 있다는 문장제 문제도 아이들의 직접적인 삶과 거리가 있는 것은 마찬가지다.

보드게임은 아이들에게 실질적인 목표 의식을 만들어 준다. 게임은 기본적인 지식이나 원리를 가지고 있다. 수 관련 보드게임은 숫자를 알고 있어야 하고, 그중 덧셈에 관련된 보드게임은 덧셈을 할 줄 알아야 한다. 이것을 모르면 게임을 즐길 수 없다. 게임을 향한 욕구는 게임을 할 수 있는 기본 조건을 배우도록 유도한다.

수모쿠 게임 소개

<수모쿠(sumoku)>는 스도쿠(sudoku)와 수학(math)의 합성어로서, 숫자 타일을 더해서 정해진 숫자를 만드는 보드게임이다. TV 프로그램 〈문제적 남자〉에서 제12회 멘사 마인드-스포츠 올림피아드 선정 종목 '스모쿠'라는 이름으로 소개되었다. 1부터 9까지 숫자 타일을 더해 목표하는 수를 만든다.

원래 수학에서 정답은 보통 하나다. 하지만 이 게임에서 답은 여러 가지다. 답을 구하는 방법도 다양하다. 그렇기에 가능한 덧셈 계산 방법을 머릿속으로 자연스레 계속 떠올리게 된다. 참여하는 아이들은 게임을 한다고 생각하겠지만, 한 게임을 하는 동안 무수히 많은 계산을 스스로 하게 된다.

수모쿠 게임 방법

이미지 가이드는
QR코드를 통해 확인하실 수 있습니다.

기본 방법

❶ 가방에서 숫자 타일을 꺼내 8개씩 나눠 갖는다.

❷ 숫자 타일의 합이 가장 작은 사람이 먼저 시작한다.

❸ 주사위를 던진다. 나온 숫자가 키 넘버가 된다.

❹ 모든 참여자는 숫자 타일을 더해 키 넘버의 배수를 만들어야 한다. 차례가 빠른 사람부터 숫자 타일을 한 줄로 놓는다.

❺ 내려놓은 숫자 타일과 같은 줄로 연결된 수들의 합이 점수가 된다. 가방에서 사용한 만큼 숫자 타일을 가져온다.

❻ 다음 사람부터는 이미 놓여 있는 타일에 나란히 붙이거나 위아래로 연결하거나 새로운 줄을 만들 수 있다.

❼ 숫자 타일을 놓을 때 숫자는 같아도 되지만 색깔은 달라야 한다.

❽ 만일 자신의 차례에 6개의 색깔을 맞히게 되면 가방에서 타일을 꺼내지 않고 가지고 있는 타일로 한 번 더 할 수 있다.

❾ 가방에 있는 타일을 다 쓰고 모든 참여자가 타일을 더 사용할 수 없을 때 게임이 끝난다. 자신의 점수를 더했을 때 가장 높은 사람이 승리한다.

※ 저학년과 게임을 할 때는 키 넘버의 배수를 모두가 볼 수 있도록 앞에 적어 두고 한다.

응용 방법: 멘사 마인드-스포츠 올림피아드

❶ 각자 가방에서 숫자 타일을 16개씩 가져온다.

❷ 주사위를 던져 키 넘버를 정한다.

❸ 모든 사람들은 자신의 숫자 타일을 더해 키 넘버의 배수를

만든다. 가장 빠르게 크기가 작은 배수를 만든 사람이 가장 먼저 한다.

❹ 차례가 되면 제한 시간 안에 숫자 타일 2개 이상을 사용해 키 넘버의 배수를 만들어야 한다. 타일을 놓는 규칙은 '한 줄로 놓기', '숫자는 같아도 색은 모두 다르게 놓기', '6개를 넘지 않기'를 모두 만족해야 한다. 만일 시간 안에 놓지 못하면 숫자 타일을 하나 가져온다. 제한 시간은 1분으로 한다.

❺ 다음 사람도 2개 이상의 타일을 사용해 키 넘버의 배수를 만든다. 단, 타일 놓는 규칙을 지켜야 한다.

❻ 가장 먼저 타일을 모두 사용한 사람이 게임에서 승리한다.

아이들과 가끔 창의력 수학 문제를 풀 때가 있다. 분명 수학적 사고력을 요구하는 문제인데, 수학을 싫어하는 아이도 의자에서 엉덩이가 떨어지고 목소리도 커진다. 아이들이 적극적으로 변한다. 결국, 수학 학습에서 가장 중요한 것은 '하고 싶은 마음이 있는가'인 것이다. 보드게임은 아이들에게 지금 당장 하고 싶은 목표를 갖게 한다. 보드게임으로 아이가 스스로 하고 싶게 해 주자.

책을 통한 핵심 파악 능력
〈독서질문카드〉

"너는 어떤 별명이 있으면 좋겠어?"

"음… 세종대왕의 어렸을 때 별명이 책벌레였대, 나는 '책벌레'라고 불러 줘."

초등학교 4학년쯤의 일이다. 어느 날, 교실 뒤편에서 한 친구가 내게 별명에 대해 질문을 했고 나는 잠시 머뭇거리다 말했다. 친구가 했던 질문에 대해 잠깐 생각할 때, 집에 있었던 얇은 위인전 집에 있던 세종대왕 이야기가 떠올랐다. 글자가 크고 분량이 작았던 책 속의 세종대왕은 어려서부터 별명이 책벌레라고 했다. 당시 나는 책을 싫어했다. 정확히 말하면 책 읽기가 부담스러웠다는 표현이 맞겠다. 무슨 내용인지 잘 몰랐고, 읽고 나면 뜨문뜨문 내용이 생각날 뿐 줄거리를 말하라는 것에는 제대로 답할 자신이 없었다.

친구에게 그렇게 말하고 나서 '진짜 책벌레가 되면 과연 좋을까?' 상상했었다. 대답하면서 잠깐 스치듯이 떠올려 봤는데 기분이 좋았다. 한참이 지난 지금이지만, 여전히 생생하게 기억난다. 책이 좋은 것도 알겠고 책을 읽어야 하는 것도 알겠는데, 이상하게 책 읽기가 힘들고 싫었다. 글자가 많은 책을 펼치기라도 하면 읽기 싫은 마음부터 먼저 올라왔다. 눈으로 보는 데 힘도 꽤 들었다. 호기 좋게 읽으려 했다가도 몇 페이지 읽다가 그만두길 반복했었다. 그러던 중 점차 책 읽는 게 부담스러워져 '나는 읽어 봤자 이해하지 못할 거야.' 하는 생각에 사로잡혔었다. 하지만 이런 상황에서 이 문제를 누구에게 말하는 것도 창피하게만 느껴져 속으로만 간직했고, 결국 책을 좋아하는 척, 잘 읽는 척만 했었다.

그렇게 중학교 고등학교를 거치면서 내신과 수능 위주로 공부하게 됐다. 독서는 자연스럽게 내게서 멀어졌다. 그 대신 나는 운동장에서 축구를 하거나 친구들이랑 오락실에 가서 게임을 했다. 국어와 언어 영역이 제일 힘들었고 해당 영역의 점수를 높이기 위해 노력했지만, 결국 수능을 보는 날까지 국어와 언어 영역은 내 발목을 잡았다. '책을 좋아했더라면….'이라는 후회가 밀려들었지만, 이미 때는 늦었었다.

그때 국어를 잘하고 좋아하는 아이들을 보면 참 신기했다. 그 친구들은 특별하게 공부하지 않았는데도 점수가 거의 만점에 가까울 정도로 잘 나왔다. 한 번은 너무 궁금한 나머지 어떻게 그렇게 언어 영역을 잘하냐고 물어봤다. 돌아오는 대답은 '어려서부터 책을 좋아했다', '읽어 보면 답이 보이는 경우가 많다'라는 것이었다. 그 말을 듣고 국어를 잘한다는 건 엄청난 독서량과 내공이 쌓여야만 얻을 수 있는 특별한 능력이라고 생각했다. 나는 잘하기에는 너무 늦었다. 적어도 그땐 그렇게 확신했었다. 하지만 아이러니하게도 사회생활을 하면서부터 글을 읽고 이해하는 능력이 훨씬 더 많이 필요했다. 새로운 일을 시작하려 해도 글을 읽어야 했고, 그것을 잘 이해하기 위한 배경지식이 필요했기에 또 글을 읽어야 했다. 그제야 마치 생존을 위해 책을 좋아해야겠다는 의무감이 들어 독서를 시작했다. 하지만 바쁜 와중에 일은 일대로, 또 책은 책대로 읽어야 하는 바람에 더 어려웠다. 악순환이었다. 그렇게 책을 좋아하는 사람이 되기까지 정말 많은 시간이 걸렸다.

요즘 아이들은 예전에 비해 책 읽기를 훨씬 일찍 접한다. 학교에 들어오기 전부터 그림책을 읽고, 더 나아가 동화책까지도 읽고 오는 아이들이 있다. 하지만 어떤 아이는 책 자체를 거부하기도 한다. 이런 아이들은 책과 친하지 않은 것은 물론, 책을 권유하면 마치 그 가치를 잘 알지 못하는 것처럼 무심하게 행동하거나 시큰둥한 모습을 보인다. 사실 이런 아이들이라도 책이 좋다는 것을 모르지 않는다. 단지 여러 이유로 책 읽기 자체가 싫어진 것이다. 왠지 내 어릴 적 모습을 보는 것만 같았다. 그리고 그 이유를 알 것 같기도 했다.

도대체 책은 어떻게 좋아하게 되는 걸까? 책 읽기에 대해 이야기하기 전에 '뜀틀'에 대한 이야기를 잠깐 해 볼까 한다. 아이들은 체육 시간을 참 좋아하지만, 뜀틀은 호불호가 갈리는 활동 중 하나다. 자기 키보다 조금 작은 높이를 뛰어넘는 게 쉬운 일은 아니기 때문이다. 신호에 맞춰 달려 구름판 앞에서 점프했다가 뜀틀에 걸리거나 혹은 뜀틀이 높아 보여 달리다가 마는 경우도 종종 있다. 이런 경우, 뜀틀은 도전하기 어려운 두려움의 대상이 된다. 그렇게 '체육을 좋아하지만, 뜀틀은 좋아하지 않는다'로 생각과 마음이 분화되기 시작하는 것이다.

이런 두려운 마음을 없애 주기 위해 사용하는 방법이 있다. 바로 '뜀틀과 친해지기'다. 뜀틀에 '몸을 숨길 수 있는 은폐 장소'나 '몸을 보호하는 보호막' 같은 역할을 입히는 것이다. 그렇게 아이들이 뜀틀과 시간을 보내게 한다. 때로는 뜀틀을 분해하여 술래

잡기할 때 무적이 되는 공간으로 만들어 주기도 한다. 그러면 아이들은 적극적으로 참여한다. 뜀틀은 여전히 싫지만, 뜀틀을 도구로 하는 놀이는 재미있는 놀이가 될 수 있는 것이다. 이렇게 사용 도구로서의 뜀틀에 대한 긍정적인 관점은 뜀틀이 어렵다는 것과는 별개로 뜀틀을 친근하게 느끼게 하는 데 도움이 된다. 그렇게 긍정적인 감정을 느끼도록 유도한 뒤 낮은 단계부터 뜀틀을 도입하면 뜀틀을 넘는 것을 훨씬 편안하게 할 수 있다.

책 읽기도 마찬가지다. 책을 거부하는 아이에게 있어 책의 내용을 확인하거나 그에 대한 생각을 묻고, 그를 바탕으로 어떠한 활동을 진행하는 것은 너무나도 부담스럽게 다가오기 마련이다. 이때, 책의 텍스트를 활용하는 게임을 통해 '독서'에 접근하면 어떨까? 게임을 통해 느낀 단어나 문장에 대한 긍정적인 경험은 '글을 읽는다'는 것의 개념을 넓힐 수 있다.

독서질문카드 　게임 소개

　〈독서질문카드〉는 여러 가지 질문이 적힌 카드로 이루어져 있다. 한 사람이 질문을 읽으면 해당 질문에 대해 주변에 있는 책을 찾아 카드를 고르는 사람이 가장 마음에 들어갈 답을 찾아오는 시스템으로 이루어져 있다. 흔히 책은 진득하니 처음부터 끝까지 읽는 것이라는 개념을 비틀어 버리는 방법으로, 아이들은 질문에 답을 찾기 위해서 이책 저책을 기웃거리며 보게 된다. 문장과 문장을 읽으며 속뜻을 파악하고 개념을 정리하며 그저 책을 읽는 것에서 벗어나 책의 텍스트를 보물처럼 찾는 모습을 보게 된다. 가벼운 질문부터 생각하는 질문까지 적혀 있어 자신의 생각을 이야기하는 데에도 도움이 된다.

독서질문카드 　게임 방법

자세한 게임 방법은
QR코드를 통해 확인하실 수 있습니다.

❶ 각자 책을 몇 권씩 준비한다. 도서관에서 게임을 진행해도 좋다.

❷ 한 사람이 '책 속 보물을 찾아라' 카드를 하나 뽑는다. 마음에 드는 질문 하나를 고른다.

❸ 다른 사람들은 책 속에서 그 질문에 어울리는 문구나 문장을 찾아 적는다.

❹ 첫 번째 문장을 적은 사람이 나오면 1분 안에 다른 사람들도 문장을 적어야 한다.

❺ 시간이 다 되면 돌아가며 그 문장과 적은 이유를 말한다.

❻ 질문을 읽어 준 사람은 가장 마음에 드는 답변을 골라 카드를 선물로 준다. 이때, 이유도 함께 말한다. 참고로 카드 1장당 1점을 얻는다.

❼ 정해진 라운드를 마쳤을 때, 가장 많은 카드를 받은 사람이 승리한다.

※ 질문을 스스로 만들어도 좋다. 평소 가지고 있던 고민거리 등 다양한 주제에 대한 새로운 아이디어를 질문으로 만들어 보자.

우리가 무언가를 좋아하게 된 계기는 그저 작은 것에 불과하다. 파브르는 곤충 한 마리를 좋아해서 과학자가 되었다. 헨리 포드는 자동차가 좋아 포드공정 시스템을 만들었다. 책을 좋아하기 전, 내가 좋아하는 보드게임을 통해 한 단어, 한 문장의 아름다움에 대해 인지해 보는 건 어떨까? 책 속 단어와 문장에 대한 긍정적인 경험이 쌓이게 하자. 문장에서 문단으로, 문단에서 하나의 책을 좋아하는 길로 이어질 수 있다.

학습 능력

학습을 위한 전략적 사고
〈당나귀 다리〉

학교에서 아이들은 교육과정을 배운다. 교육과정의 내용은 크게 지식, 기능, 태도 세 가지로 나눌 수 있다. 그 내용을 성취기준 속에 담는다. 성취기준은 초등학교 5학년 기준, 1년에 약 2백 개 정도이고, 하루에 1가지씩 배운다고 해도 10개 정도 남는다. 이는 초등학교 6년 동안 배운다면 약 1,000개나 되는 숫자다.

교육과정과 교과서에 무엇을 배워야 할지가 나와 있다. 어떤 방식으로 하면 가르치면 좋은지도 나와 있다. 하지만 아이들이 새로운 내용을 어떻게 머릿속에 저장하고 이해해야 할지는 각자의 몫으로 둔다. 대부분 아이들은 배운 내용을 머릿속에 넣기 위해 그 장면을 그대로 떠올려 보려 한다. 책 한 번 보고는 천장을 쳐다보고 말해 본다. 하지만 돌아서면 잘 잊는다. 기능도 마찬가지다. 단순 반복 기억은 장기기억 속 정보와 연결이 안 되어 금방 사라진다. 그래서 학교 공부의 경우, 뇌 발달 정도가 높고 이미 알고 있는 정보가 많은 아이들이 기존 지식에 학교 학습을 더 쉽게 연결하여 숙달이 빠르다.

우리 반 사회 시간에 있었던 일이다. 우리 반은 사회 1단원이 끝나면 1단원에서 배운 내용을 마인드맵으로 그린다. 칠판에 단원의 큰 가지를 그려 주면 아이들이 다시 공부하며 중간 가지와 세부 가지를 채워 나간다. 나는 그에 어울리는 질문을 몇 가지씩 던져 준다. 상위 텍스트를 보고 하위 텍스트를 떠올리게 하는 방법이다. 이는 내용이 구조적으로 되어 있어야 하므로 논리적인 이해와 기억력이 필요한 활동이다. 그날도 큰 가지를 그려 주고 어떤 내용이 들어가는지 함께 복습했다. 나는 아이들이 스스로 내용을 정리할 수 있도록 시간을 주었다. 그리고 아이들이 어떻게 하나 확인해 봤다. 아이들 대부분은 반복해서 떠올리는 방법을 사용하고 있었다.

몇몇 아이는 수업 시간에 다 하지 못해 방과 후에 남았다. 둘은 여러 번 시도 했지만 좀처럼 해내지 못하고 있었다. 아이의 속이 타는 것도 이해가 됐지만, 끝까지 해내는 것도 매우 중요한 학습 습관이라고 생각했기에 할 수 있다며 아이를 격려했다. 하지만 아이는 점점 느려졌고, 다른 행동을 했다. 나중에는 아예 하는 걸 포기하는 단계까지 갔다. 심지어 남아 있는 친구들과 장난치며 교실 밖으로 나가려고까지 하는 것이 아닌가.

이쯤 되니 몇 문장 안 되는 것을 조금만 집중하면 될 텐데, 내 속이 더 탔다. 돌아다니고 있는 아이를 불러 같이 해 보자고 했다.

"자, 선생님이랑 같이해 보자! 그동안 했으니까 어렵지 않을 거야."

"선생님 저 못하겠어요. 전 원래 머리가 나빠요."

남겨서 이런 마음을 느끼게 하려는 건 아니었는데, 내 의도와는 전혀 다르게 흘러갔다. 아이들은 공부한 내용을 외워야 한다는 생각에 반복해서 중얼거렸다. 도전해서 실패했을 때는 지금 하는 전략을 수정하고 다른 방법을 사용해야 했지만, 아이들이 사용하고 있는 전략 중에는 반복 말고 다른 전략은 없어 보여 안타까웠다.

공부한 내용을 이해하면 배운 내용이 머릿속에 저절로 저장

될 것 같지만, 실상은 그렇지 않다. 잘 저장하고 쉽게 표현할 수 있도록 학습하는 데에도 전략적 사고가 필요하다. 1956년 밀러(Miller)는 인간이 한 번에 기억할 수 있는 가짓수를 7개라고 했다. 그는 이 숫자를 마술 같다고 표현했는데, 이후 이를 '매직 넘버'라고 불렀다. 또한, 심리학자 앨런 배들리(Alan Baddeley)는 가짓수를 4개로 말했다. 이처럼 약간의 차이는 있지만, 한 번에 뇌에 저장할 수 있는 개수에는 한계가 있다는 것을 알 수 있다. 그래서 한꺼번에 많은 양을 다 넣으려고 하면 기억에 효과적이지 못하다.

　참고로 정보처리이론에 의하면 몇 가지 단계에 의해 외부의 정보를 처리하게 된다. 우선 외부 자극을 작업기억에 넘긴다. 작업기억에서 정보를 잠시 담아 두고, 의미 있는 형태로 가공한다. 이것을 '의미화와 부호화'라고 한다. 기억하기 좋게 가공된 정보는 장기기억으로 넘어가고, 장기기억으로 넘어가면 오래도록 기억에 남는다. 이때, 우리는 장기기억으로 넘어간 정보를 배웠다고 할 수 있다. 그리고 작업기억에서 장기기억으로 넘어가게 할 때, '전략적 사고'가 필요하다. 특별히 전략적 사고를 배우지 않은 경우에는 주로 반복하고 다시 해 보는 방법을 사용한다. 이렇게 해서 쉽게 기억한다면 다행이지만, 그렇지 않은 사람들은 다른 전략을 사용해야 한다. 같은 방법을 사용했는데 계속 실패한다면 뇌는 스트레스를 받고 부정적인 감정을 기억하게 된다. 내용을 기억하기보다 부정적인 감정으로 거부감을 학습하게 되는 것이다. 이보다는 기억하기 좋은 전략으로 즐거운 경험을 학습하는 쪽이 더욱 효과적이지 않을까? 아이들이 무엇을 배워야 하는지는 같지만, 어떻게 저장할지는 모두 그에 맞는 전략이 있는 법이다.

당나귀 다리 게임 소개

〈당나귀 다리〉 보드게임은 2011년 랄프 주르린데가 만든 이야기를 통한 연상 기억력 보드게임이다. 독일에서 당나귀는 겁이 많은 동물이라고 한다. 이 게임은 물을 무서워하는 당나귀에게 한쪽에서 다른 쪽으로 가는 다리를 놓아 쉽게 물을 건널 수 있게 하듯, 이야기를 통해 단어를 더 쉽게 외울 수 있도록 하는 보드게임이다. 이 게임을 통해 이야기로 기억하는 독특한 방법을 재미있게 익힐 수 있다. 참고로 이렇듯 이야기를 통해 단어를 익히는 것을 '연상기억법'이라고 한다.

당나귀 다리   게임 방법

자세한 게임 방법은
QR코드를 통해 확인하실 수 있습니다.

❶ 단어 카드를 뒷면으로 쌓아 둔다.

❷ 차례를 정한다. 순서가 가장 빠른 사람이 당나귀 캐릭터를 가져온다.

❸ 각자 단어 카드를 6장씩 가져온다.

❹ 자신의 순서에는 단어 카드 1장을 자신의 앞에 내려놓으며 그 단어가 들어간 문장을 한두 개 정도 말한다. 예를 들면, 카우보이 카드를 내면서 '카우보이가 어느 날 산에 갔어요.'라고 말할 수 있다.

❺ 다음 사람도 카드를 내려놓으며 앞 문장과 이어지게 문장을 만든다. 예를 들면 '그런데 소문이 돌았어. 카우보이가 산속에 뭔가 숨겨 놓았다는 소문이었지.'라고 말할 수 있다.

❻ 이렇게 돌아가며 카드를 내고 하나의 이야기를 만든다. 3명이 하면 3장을, 4명이 하면 3장을, 5명이 하면 2장을, 6명이 하면 2장을 사용할 때까지 차례를 계속 갖는다.

❼ 이야기를 다 만들었으면 카드를 뒤집어 놓고, 더미를 만든다. 그리고 옆 사람에게 당나귀를 넘기고 카드를 보충해 6장을 만든다.

❽ 새로운 이야기를 만든다. 이렇게 참여자 수만큼 이야기를

만들어 이야기 카드 더미를 만든다.

❾ 참여자 수만큼 이야기가 만들어졌으면 가장 처음 만들었던 이야기 카드 더미를 가져와 골고루 나눈다.

❿ 순서를 정한다. 자신의 차례에 손에 든 단어 카드를 보고, 이야기 속에 어떤 단어가 있었는지 맞힌다. 단, 손에 든 카드는 맞힐 수 없다.

⓫ 단어를 맞히면 해당 단어 카드를 가진 사람이 맞힌 사람에게 그 카드를 준다. 한 장당 1점을 얻는다. 틀리면 점수를 얻지 못한다.

⓬ 같은 방식으로 모든 이야기 카드 더미를 가지고 단어를 맞힌다.

⓭ 한 차례 동안 아무도 맞히지 못했을 경우에는 손에 든 카드를 모두 버린다. 그리고 다음 이야기 더미를 가져와 단어 맞히기를 한다.

⓮ 자기 차례에 손에 든 카드가 자신밖에 없다면, 그 카드를 자신의 점수로 가져온다.

⓯ 이야기 더미를 모두 사용하면 게임이 끝난다. 카드가 가장 많은 사람이 승리한다.

당나귀 다리 게임 후 돌아보기

- 게임을 하면서 무엇을 느꼈나요?
- 기억을 더 잘하게 하는 방법은 어떤 내용이었나요?
- 다시 한다면 나는 어떤 전략을 사용할 것인가요?

아이들이 학교에서 배우지 않은 것 중에 이미 잘하고 있는 것이 하나쯤은 있다. 어떤 아이는 그림을 잘 그리고, 어떤 아이는 축구를 잘한다. 이런 것들을 잘하게 되는 이유에는 공통점이 있으니, 바로 배움이 '재미있었다'는 것이다. 물론 좋아하는 것도 하다 보면 지루하고 힘들고 어렵지만, 그 과정에서 재미를 느끼면 꾸준히 하게 된다. 그리고 결과적으로 잘하게 된다. 보드게임의 시스템으로 학교 공부를 재미있게 머릿속에 저장해 보자. 게임 시스템은 하기 싫은 반복에 '즐거움'이라는 생명 에너지를 넣어 줄 수 있다.

학습 능력

지루하지 않게 반복하는 능력 〈트랩워드〉

공부는 내가 하는 것처럼 보이지만 사실 뇌가 하는 것이다. 무엇을 알고 그것을 익힌다는 것을 뇌의 관점에서 바라보면, 뉴런과 뉴런 사이가 새로운 시냅스로 연결되거나 기존에 연결된 것이 굵어져 전기 신호가 쉽게 이루어지는 것이라 볼 수 있다. 예를 들어, 우리는 태어날 때부터 '말'이라는 것을 아는 것이 아니다. 부모로부터 차근차근 말을 듣고 한 단어, 한 문장씩 배우다 보면 어떻게 알게 됐는지조차 인지하지 못한 채 말이라는 것을 하게 된다. 뇌의 관점에서, 태어나서 말을 하지 못하는 건 시냅스가 형성되지 않은 것이고, 한글을 배워 자연스럽게 말하는 것은 시냅스가 형성되어 굵어진 것을 의미한다.

이러한 뇌 성장이 이루어지기 위해 반드시 전제되어야 하는 것이 있으니, 바로 '반복'이다. 되풀이하자면 우리의 뇌는 계속 자극받고, 일정 횟수를 넘어서면 그 행동에 의미를 부여한 뒤 '단백질 키나아제'라는 물질을 분비한다. 그리고 이 물질이 세포핵 속까지 퍼지게 되면 '크랩(CREB)'이라는 물질이 생성된다. 크랩은 DNA의 특정 유전자 부위에 달라붙어 유전자가 일을 하게 만든다. 즉, 유전자 DNA가 일을 해서 뇌신경이 가지를 뻗게 되는 것이다.

여기에서 크랩을 자극하는 것이 하나 더 있으니, 바로 '감정'이다. 감정은 어떤 행동을 더욱 강렬하게 하고 싶게 하거나 혹은 더욱 강렬하게 피하고 싶게 한다. 즐거운 감정이라면 그 자극을 더 하고 싶게 만들지만, 부정적인 감정이 드는 경우에는 그 자극을 회피하고 싶게끔 만든다. 때문에 공부를 잘하기 위해서는 반복적으로 재미를 느끼게 하는 것이 중요하다. 또한 이를 위해 무언가를 배울 때 재미를 디자인하는 것도 놓쳐서는 안 될 부분이다.

내가 겪었던 한 일화를 소개하려고 한다. 2017년, 나는 복싱을 배웠다. 입단은 1월에 했는데 7월에 생활체육복싱대회가 있다는 이야기를 들어 신청했고, 그렇게 대회를 나가게 됐다. 격투 종목을 배워 보고 싶었고, 실제 경기도 해 보고 싶었다. 하지만 같은 복싱장에서 함께 출전했던 선수들의 모든 경기 성적이 썩 좋지는 않았다. 관장님은 답답했는지 다른 지역에 있는 관장님께 훈련 방법을 물으셨다.

"어떻게 훈련해?"

"요즘 애들 힘들게 훈련하면 안 해요. 노는 듯이 재미있게 해 줘야 해요. 스텝 밟는 거 있죠? 저는 애들 허리에 꼬리를 붙여 주고 서로 꼬리 잡게 시켜요. 그러면 10분이든 20분이든 본인들이 좋아서 뛰어다녀요. 또 하고 싶다고 난리라구요. 세월이 많이 변했어요."

사실 스텝을 10분 동안 뛰게 하는 것과 꼬리 잡기 하며 뛰게 하는 것, 두 경우 선수들이 움직이는 정도는 비슷했다. 하지만 대체적으로 스텝 밟기는 하기 싫어하는 반면, 꼬리 잡기는 더 하고 싶어 했다. 겉으로 보이는 건 같지만 내면에서의 변화가 일어난 셈이다. 꼬리 잡기를 한 선수들은 '즐거움'이라는 감정을 함께 추구했다. 그리고 하고 싶으면 잘하게 되는 것은 금방이었다.

공부도 마찬가지다. 지금 배우는 내용을 하고 싶게끔 만들어야 한다. 〈트랩워드〉라는 보드게임 시스템은 오늘 배운 내용을 다시금 자세하게 생각하게 하고, 그것을 설명할 수 있게끔 만든다. 또한, 가장 중요한 '즐거움'이라는 감정을 느끼게 한다는 데에서 추천하려 한다.

트랩워드   게임 소개

　　〈트랩워드〉는 말 그대로 '함정 단어'라는 뜻이다. 어떤 주제 단어를 설명할 때, 쓰는 단어를 예측해서 함정 단어를 적어 두고, 그 단어가 나오면 점수를 얻는 게임이다. 함정 단어를 떠올리며 자연스럽게 주제어를 설명하는 과정에서 아이들은 자연스럽게 개념 학습을 하게 된다.

　　5학년 역사 시간이었다. "역사 좋아하는 사람?" 하고 손을 들어 보라고 했지만, 역시나 반은 손을 들지 않았다. 이미 역사를 좋아하는 아이들은 역사에 대한 지식과 긍정적 감정이 높았지만, 그렇지 못한 아이들은 사회 자체를 싫어했다. 이런 아이들에게 역사에 대한 긍정적인 경험을 심어 주고자 했다. 나는 이를 보드게임을 적용해서 디자인했다. 역사는 '재미있어야' 했다.

삼국시대에 대해 배운 후 그것을 정리할 때였다. 보드게임을 한다고 하니 아이들은 시작도 하기 전에 흥이 났다. 모둠별로 제시어를 주고는 설명할 사람을 뽑았다. 설명자는 함정 단어를 보지 말아야 했으므로 칠판 쪽으로 고개를 돌렸고, 같은 모둠원은 해당 단어에 대해 어떻게 설명할지 상의했다. 그리고 다른 모둠은 함정 단어를 의논하여 보드 판에 적었다. 그날의 주제어는 '백제'였다.

"비류랑 동생이랑 북쪽에 있는 나라에서 엄마랑 같이 내려왔어. 그래서 만든 나라!"

아이는 역사에 관심이 높은 아이였는데, 막상 함정 단어를 피해 단어를 말하려니 어려웠던지 몸을 배배 꼬며 쩔쩔맸다. 한 판하고 있을 뿐인데 아이들이 후끈 달아올랐다. 제한 시간이 끝난뒤 각 모둠에서 설명자가 말한 함정 단어의 횟수를 말했다. 말한만큼 자기 점수가 된다. 곧이어 아이들이 또 하자며 '한 번 더'를 외쳤다.

이후 다시금 역사 수업을 시작하는 날에 한 아이가 말했다.

"선생님 저 사회 진짜 싫어했는데, 5학년 올라오고 나서부터 사회가 제일 재미있어요."

교사가 가장 기분 좋은 순간은 아이의 변화를 볼 때다. 그리고 이보다도 더 좋을 때는 바로, 아이가 자신의 변화를 알아차리고 기뻐할 때다. 이 말을 듣고 참 행복했다.

트랩워드 게임 방법

자세한 게임 방법은 QR코드를 통해 확인하실 수 있습니다.

기본 방법

❶ 두 팀으로 나눈다. 팀원은 최소 2명 이상으로 구성한다. 방 타일, 힌트 제공자 횃불, 책, 주제어 카드, 저주 카드, 몬스터 카드, 팀 마커, 몬스터, 시트지, 연필 등 구성물을 준비한다.

❷ 팀별로 비밀 단어의 힌트 제공자 1명을 정한다.

❸ 책 디자인을 고르고, 팀별로 주제어 카드를 1장씩 가져온다.

❹ 상대방이 보지 않은 면으로 돌려 책에 끼운다. 구멍에 보이는 단어가 상대방이 맞혀야 할 비밀 단어이다.

❺ 다른 팀이 설명할 때 나올 것 같은 트랩 워드(함정 단어)를 게임판 숫자만큼 적는다. 예를 들어, 비밀 단어가 '닌자'라면 일본, 수리검, 복면을 함정 단어로 적을 수 있다.

❻ 다 적었으면 책을 상대편 힌트 제공자에게 준다. 책 뒷면에 불빛이 보이는 팀부터 힌트를 준다.

❼ 제한 시간 동안 비밀 단어를 같은 편에게 설명하여 맞히게 한다. 이때, 함정 단어를 말하면 실패한다.

⑧ 함정 단어를 피해 맞혔다면 본인 팀의 말을 한 칸 앞으로 움직인다.

⑨ 두 팀 모두 실패했다면 몬스터가 한 칸 앞으로 움직인다.

⑩ 움직여서 이동한 곳에 저주 카드가 있다면 저주를 적용받는다.

⑪ 다음 차례부터는 뒤처진 팀부터 힌트를 낸다. 같은 칸에 있다면 불빛이 나는 책을 가진 팀부터 한다.

⑫ 몬스터와 같은 칸으로 왔다면 몬스터와 대결한다. 몬스터는 특수 능력을 사용한다.

⑬ 몬스터와의 대결에서 이기는 팀이 마지막 승리 팀이 된다.

모두 함께 하는 방법

❶ 모둠을 나눈다. 한 모둠에서 설명자를 뽑는다.

❷ 설명자는 제시어를 보고 설명할 준비를 한다. 설명자와 같은 모둠은 제시어를 볼 수 없다.

❸ 다른 모둠은 제시어를 보고 상의한 뒤 함정 단어를 적어 둔다. 게임의 난이도를 고려해 함정 단어를 1개부터 3개까지 사용할 수 있다.

❹ 설명자는 3초 정도 주제어를 확인할 시간을 갖고, 설명을 시작한다. (제한 시간 동안 힌트를 준다.)

❺ 설명자는 함정 단어를 피해 제한 시간 내에 같은 모둠원에게 주제어를 설명한다.

❻ 설명자는 같은 팀이 정답을 맞힐 경우 3점을 얻는다. 다른 모둠은 함정 단어를 말할 때마다 1점씩 얻는다.

❼ 모둠별로 돌아가며 진행한다.

❽ 익숙해지면 설명자에게 오늘 배운 주제어를 여러 개 보여 주고, 스피드게임 형식으로 운영할 수도 있다.

어떤 것을 알고 익히는 것은 반복만으로도 할 수 있다. 관건은 '어떻게 반복하게 하느냐', 그리고 '스스로 계속하게 하느냐'다. 그리고 이를 위해 필요한 것이 바로 '즐거운 감정'이다. 즐겁게, 스스로 배우게 하고 싶다면 〈트랩워드〉로 시작해 보자. 싫어하는 것을 좋아하게 만드는 첫걸음이 되어 줄 것이다.

감각 능력

소근육을 사용하는 능력
〈스틱스택〉

초등학교 5학년 교실 미술 시간에 있었던 일이다. 김보법 선생님이 '에듀콜라'에 소개해 주신 '교실을 누비는 고래' 작품을 만들기 위해 고래 모양 종이를 출력해서 아이들에게 나눠 줬다. 고래 모양은 아이들이 자르기 쉽도록 테두리가 굵은 선으로 되어 있었고, 곡선 없이 직선으로 이루어져 있었다. 마치 리본과 같아 보였다. 단순해서 금방 자를 줄 알았지만, 활동을 시작한 지 얼마 지나지 않아 여기저기서 볼멘소리가 들려온다.

"선생님 이거 못하겠어요."

"너무 어려워요."

"도와주세요."

아이들은 가위질을 어려워했다. 잘린 고래의 테두리를 봤더니, 종이가 가위에 씹히거나 울퉁불퉁했다. 때로는 테두리를 벗어나 날렵한 모양의 리본이 되기도 했고 말이다. 처음에 본 모양과 자르고 난 모양이 확연히 다르니 아이들이 만족스럽지 못한 모양이었다. 요령이 없는 것이 아닌가 하는 생각도 들었는데, 아이들이 가위 잡는 모양을 보니 익숙해 보이지가 않고 영 어색했다. 그렇게 고래 도안 대여섯 개를 자르는 데만 몇십 분이 걸렸다. 예상치 못하게 시간이 늦어지자 진땀이 났다.

아이들은 초등학교 시절, 달리기나 피구 같은 운동을 통해 대부분의 대근육을 발달시키고, 작고 정교한 활동으로 소근육을 발달시킨다. 연필을 다루거나 가위질하는 것은 소근육 활동에 들어간다. 게젤(Gesell)은 6세부터 쓰거나 장난감을 조작하고 공을 던지고 받는 활동에 참여할 수 있게 되고, 12세가 되면 거의 성인 수준에 도달하여 모든 섬세한 손가락 움직임이 발달하게 된다고 했다. 하지만 실제 교육 현장에 가 보면 아이들이 정교하고 섬세한 움직임을 어려워하는 경우가 있다.

특히 위 사례처럼 가위질이나 칼질을 어려워하는 경우가 종종 있었다. 한 가지 특이한 경험은 소근육을 잘 사용하지 못하는 아이더라도 스마트폰으로 문자를 보낼 때는 손가락이 보이지 않을 정도로 빠르고 정확하게 손가락을 움직인다는 점이다. 웬만한 성인은 따라갈 수 없을 정도의 속도로 글자를 치고 검색하며 스크롤한다. 영상 편집하는 모습을 보면 훨씬 더 화려하다. 이런 모습을 볼 때 소근육 발달에 있어 손가락으로 누르는 행동과 같이 자주 사용하는 것은 발달하고, 가위질이나 칼질과 같이 쥐는 근육은 잘 사용하지 않으면 발달이 덜 된다고 볼 수 있겠다.

자주 사용하지 않는 근육은 뇌에 자극을 주지 못하고, 이런 기간이 오래되면 뇌는 해당 근육의 발달에 관심을 줄인다. 그래서 대근육만을 주로 사용하던 아이들은 찰흙으로 작품 만들기나 젓가락질 등 작고 섬세한 활동에 애를 먹곤 한다. 자주 사용하는 근육이 아니라 어쩌다가 한 번씩 사용하기 때문에 익숙하지가 않고 영 어색한 것이다. 초등학교 시기는 이론부터 실제 크고 작은 근육을 하나하나 행하고 느끼는 것까지, 종합적이고 전인적인 배움이 일어나는 시기다. 특히나 소근육 활동은 아이들에게 정교하고 섬세한 활동을 통해 집중력을 길러 줄 수 있다는 면에서 무척이나 중요하다. 아직 대근육 활동에만 익숙해져 있는 아이에게 작고 세밀한 활동을 해 보게 함으로써 섬세한 감각과 정성을 경험하게 해 준다.

하지만 정교한 소근육을 기르는 과정에서 주의해야 할 점이 있으니, 아이들이 '반복'에서 오는 지루함과 답답함 등의 감정을 느낄 수 있다는 것이다. 간혹 소근육 활동을 하다가 원하는 대로 되지 않았을 때, 자신의 감정을 조절하지 못하기도 하고 말이다. 이 단계를 넘어 연습을 지속하면 그것에 익숙해지고 재미를 느낄 수 있는데, 순간적으로 올라오는 감정 때문에 손쉽게 포기하기 일쑤다. 게다가 그러기만 하면 다행이다. 화를 내거나 짜증을 내고, 때로는 하고 있던 것을 망가뜨리기도 한다. 한 연구에서도 소근육 발달이 운동기능 향상에만 집중되어 있다는 것을 문제점으로 지적하기도 했다. 이런 점 때문에 아동이 즐겁게 활동에 집중하지 못하고, 중도 포기하게 된다는 것이다.

이때, 보드게임을 활용해 보자. 소근육을 활용하는 보드게임은 도구들을 미세하게 다루게 하면서 과정 자체에 몰입하게 하는 시스템을 이룬다. 그렇기에 게임에 참여하는 아이들은 재미를 느낄 수 있다. 또 게임 시스템 안에 예상하지 못한 변수들이 들어 있어 소근육 발달뿐만 아니라 침착함과 집중력 또한 기를 수 있다.

스틱스택 게임 소개

　　〈스틱스택〉은 얇은 기둥에 색깔 막대기를 올려놓는 균형잡기 게임이다. 기둥의 스프링은 휘게 만들어져 있어 무게가 다르면 스틱이 쏟아져 내린다. 자칫 균형이 무너지면 스틱이 '와르르' 쏟아질 수도 있다. 이는 단순히 스틱만 올려놓는 것이 아니다. 기둥의 꼭대기에는 접시 모양의 지붕이 있는데 여기에는 빨강, 녹색, 흰색, 주황색이 칠해져 있다. 스틱을 올릴 때는 반드시 지붕에 닿는 색과 스틱이 닿는 색이 같게 올려야 한다. 스틱을 하나씩 올릴 때마다 신중함, 그리고 정교한 움직임이 필요하다. 짧은 시간에 손가락 끝의 섬세함을 기를 수 있는 게임이다.

스틱스택 게임 방법

자세한 게임 방법은
QR코드를 통해 확인하실 수 있습니다.

❶ 스틱 기둥을 조립한다.
❷ 순서를 정한다. 자기 차례에 주머니 속을 보지 않고 스틱을 1개 꺼낸다.

③ 스틱을 육각형 접시 위에 올린다. 이때, 접시의 색깔과 스틱이 닿는 부분의 색깔이 같아야 한다.

④ 돌아가며 스틱을 하나씩 올린다.

⑤ 누군가 스틱을 놓다 떨어뜨리면 그 사람은 떨어진 스틱을 모두 가져온다. 다음 차례부터는 그 스틱을 올려야 한다.

⑥ 기둥이 무너지거나 모든 스틱이 떨어지면 게임이 끝난다.

⑦ 가장 적은 스틱을 가진 사람이 승리한다.

※ 게임을 처음 한다면 스틱을 직접 고를 수 있게 한다.
※ 게임 1개로 모둠 대항전을 해도 좋다.
※ 승부욕에 대한 이야기를 해 주면 좋다. 게임을 시작하기 전에 '승부욕은 때론 게임을 망치기도 하지만 건강하게 사용하면 놀라운 가능성을 보여줄 수 있다'는 점을 알린다.
  (예시 작품: <초원의 왕 대 숲속의 왕>, <친구를 모두 잃어버리는 방법>)

스틱스택 게임 후 돌아보기

● 스틱이 쓰러졌을 때 어떤 마음이 들었나요?

● 다시 성공하려면 어떤 마음으로 하면 좋을까요?

● 친구가 잘 성공하도록 해 줄 수 있는 말은 무엇일까요?

관련 보드게임

핸즈업, 뒤죽박죽 서커스, 슬라이드 퀘스트

에너지를 건강하게 사용하는 방법에 대해 알려 주고, 시범을 보인 후 시작한다. 소근육을 다루는 작업은 미세한 감각을 느껴보는 과정이다. 이 감각을 느끼려면 자신의 에너지를 차분함 속에서 사용할 수 있도록 그 환경을 만들어 줘야 한다. 평온한 상태에서 섬세한 소근육을 사용하는 기회는 그 기능을 발전시킬 수있는 계기가 된다.

PART **3**

보드게임으로
아이의 '감성지수' 높이기

나를 이해하는 능력
〈알려줘 너의 TMI〉

"여러분, 나에 대해 얼마나 알고 있나요?"
"자신의 장점과 특징을 말해 주세요!"
"어휴, 평소에 나에 대해 생각을 해 본 적이 있나?"

　한 연수에서 선생님들에게 질문을 던졌을 때 돌아온 반응이다. 어른들이지만 자신에 대해 생각하는 것을 힘들어했다. 사실 스스로에게 나는 어떤 사람인지 물어보고 살지는 않는다. 외부에서

오는 자극들, 가령 다른 사람이 내게 하는 표현 혹은 다른 사람들의 표현 등을 직·간접적으로 매체를 통해 접하고 그때 내가 느끼는 반응을 보고 판단한다. 예로, 영화 속 악당이 주인공을 괴롭히는 장면에서 분노하며 '나는 저런 걸 진짜 싫어해!'라고 느끼는 식이다. 하지만 그때 느끼는 감정은 내 것이 아닐지도 모른다.

우리는 태어나면서 부모를 통해 삶에 적응해 나간다. 소아청소년과 의사들이 신생아를 '적응의 천재'라고 할 정도로, 사람은 생존을 위해 부모의 삶의 패턴에 맞추어 살아간다. 이런 자극에 대한 반응 프로그램이 뇌에 저장되어 있다가 비슷한 환경 자극을 받으면 나의 반응이 튀어나오는 것이다. 이런 반응은 진짜 나의 것일까? 아니면 자동화된 프로그램일까? 그러다가 중대한 사건을 만나면 자신에게 깊이 있는 질문을 던지게 된다. 가까운 사람의 죽음을 경험하거나 하고 싶은 일을 하는 데 연속으로 실패할 경우 등이 그렇다. 평소에 자신에 관한 탐구를 많이 하는 사람일수록 사건에 강하다. 자신을 잘 이해하고 있으니 자신의 감정을 돌볼 줄 알고, 자기 조절을 위한 전략을 세워 행동할 수도 있다. 또 위기에도 강하다. 성공한 사람들의 공통적인 강점 지능 중에 하나이기도 하다. 하워드 가드너는 이런 능력을 '자기성찰지능'이라고 했다.

이렇듯 자신에 대해 가장 잘 알 것 같은 사람은 자신이라고 생각하지만, 막상 자신에 관해 물어보면 대답하는 것이 쉽지만은 않다. 그러나 '나를 아는 것'은 어떤 의사를 결정할 때 꽤 중요한 기준이 된다. 물건을 살 때, 글감을 고를 때, 전략을 세울 때 모두 나를 기준으로 한다. 생각해 보면 거의 모든 행동의 기준은 '나'다. 처음에는 고작 작은 선택에 불과하지만, 작은 선택의 경험에서 자신만의 기준을 세워 가면 결국 나 자신이 원하는 모습과 연결된다. 자기 성찰이 나라는 사람의 인생 나침반이 되는 것이다.

알려줘 너의 TMI 게임 소개

 우리는 특별한 이벤트가 없다면 익숙한 생각과 질문을 떠올리며 하루를 살아간다. 그러다 낯선 사건을 만나거나 특별한 사람, 영감을 주는 책, 익숙하지 않은 장소 등에 가면 비로소 그제야 새로운 생각을 하게 된다. 그리고 머릿속에 떠오르는 생각들을 정리하다 보면 새로운 나를 만나는 순간이 온다. 내가 원하는 대로 새로운 생각을 하는 게 아니다. 머릿속에 이미 저장된 정보들이 새로운 것들을 만나면서 순간적으로 몰랐던 나와 마주치게 한다. 이런 경험을 자주 하면 나 자신을 좀 더 정확하게 알게 된다.

〈알려줘 나의 TMI〉는 이런 익숙하지 않은 상황을 질문으로 만들어 주는 보드게임이다. 플레이어는 질문 카드에 나와 있는 질문을 보고 자신의 입장을 '그렇다', '아니다'로 선택한다. 평범해서 한 번쯤 해 볼 만한 질문도 있지만, 그렇지 않은 질문도 많이 있다. 익숙하지 않은 질문을 통해 자연스럽게 자신을 돌아보게 된다. 게다가 이 게임은 여기에 재미있는 게임적 요소를 두 가지 더 넣었다. 한 라운드가 끝나면 누가 어떤 선택을 했는지 추측해야 하고, 자신과 같은 팀이 누구인지 맞히기도 해야 한다.

　게임이 끝나고 같은 팀을 고르면 왜 그런 선택을 했는지 그 이유가 궁금해진다. 게임으로 시작했지만, 결국 자신과 타인을 이해하는 시간으로 바뀌게 된다.

알려줘 너의 TMI　　게임 방법

이미지 가이드는
QR코드를 통해 확인하실 수 있습니다.

❶ 각 팀의 카드, 질문 카드, 투표 토큰을 준비한다.

❷ 팀 카드는 인원 수에 맞게 노란팀과 파란팀을 같은 장수로 준비하고, 만약 홀수면 그중 1장을 보지 않은 채 뺀다.

❸ 보이지 않게 팀 카드를 가져온다.

❹ 같은 색의 투표 토큰도 모두 가져온다.

❺ 한 사람이 질문 카드를 가지고 와 적혀 있는 질문 2개를 읽는다.

❻ 자신의 팀과 같은 색 질문에만 '그렇다' 또는 '아니다'로 투표 토큰을 놓는다.

❼ 질문 카드를 2장 더 가져와서 ❺, ❻을 반복한다.

❽ 모두 토큰을 놓았다면 놓인 토큰을 보고 같은 팀이 누구인지 추측한다.

❾ "하나, 둘, 셋!" 하는 신호와 동시에 같은 팀이라고 추측한 사람을 가리킨다.

❿ 같은 팀을 찾았다면 3점을 얻고, 같은 팀이 자신을 가리켰다면 1점을 얻는다. 점수만큼 카드 더미에서 카드를 가져온다. 하지만 가리킨 사람이 다른 팀이라면 점수를 얻지 못한다.

⓫ 3라운드를 진행하면 게임이 끝난다. 가장 카드가 많은 사람이 승리한다.

※ 팀원을 고를 때는 "저의 팀원은 OO입니다. 왜냐하면 ~때문입니다."와 같이 이유도 말하게 하면 좋다. 조금 더 이야기가 풍부해진다.

※ 손가락이 아닌 손바닥이 하늘을 향하게 하여 선택하는 것이 게임에서의 존중이라고 설명해 준다.

- 서로 새롭게 알게 된 내용이 무엇인지 말해 주세요.
- 자신이 선택한 이유를 설명해 주세요. 표현하면서 생각이 또렷해집니다.
- 활동하면서 좋았던 점도 이야기해 봅니다. 서로 더 가까워지는 느낌을 받습니다.

관련 보드게임

그것이 알고 싶다, Who am I, 딕싯

　어떤 보드게임의 시스템은 나 자신을 조금 더 수월하고 재미있게 드러낼 수 있다. 이런 게임은 막상 게임을 하면 승부를 내는 것이 더는 의미가 없게 되는 경우가 많다. 나를 알아보고 이들의 생각을 들여다보는 것에서 이미 '재미'라는 욕구가 충족되었기 때문이다. 보드게임을 통해 내 생각을 나누고 다른 사람의 생각을 들어 보자.

자신에 대한 이해

나를 존중하는 능력
〈자아선언문〉

우리는 평온한 상태일 때 보통 자신에 대해 너그러운 마음이 든다. 그러다 부정적인 상황을 겪거나 부정적인 감정에 빠지면 그랬던 마음이 무너져 내린다. 평소라면 그냥 넘어갈 작은 일도 웬일인지 그런 상태에서는 잘 지나가 주질 않는다. 마음속에 있던 부정적인 자아의 버튼이 눌려 버려 세상을 바라보는 안경이 부정적인 모습만 비춘다. 그러면 마음속 내면의 소리도 나에게 안 좋은 말을 하게 된다.

'그만해! 때려치워!'

'뭘 그렇게 하려고 해! 하지 마!'

'망쳐 버려!'

    사람마다 다르게 반응하겠지만 이때는 이전의 경험이 무척 중요하다. 부정적 상태에 빠져도 쉽게 회복하는 사람이 있는 반면, 어떤 사람은 깊은 수렁에 빠져 잘 헤어나오지 못하는 경우가 있다. 같은 상황에서의 반응도 사람에 따라 천차만별이다. 과거 비슷한 경우에서 좌절감 등의 부정적 감정을 느꼈더라도 긍정적으로 바라보고 해결해 본 경험이 있는 사람은 다시금 힘든 상황이 오더라도 '힘들지만 해낼 수 있어!'라는 경험을 내면에 저장한다. 하지만 힘든 상황에서 타인으로부터 매몰차게 거절당하고 비난과 모욕감을 느낀 채 시간만 흘러 버렸다면, 이후 비슷한 상황을 맞닥뜨렸을 때 부정적인 감정이 올라온다.

    사실 우리 마음에는 어떤 상황에 대해 나를 긍정적으로 바라보는 마음과 부정적으로 바라보는 마음이 동시에 존재한다. 《하얀 늑대에게 먹이를》의 로날드 슈베페(Ronald P. Schweppe)와 알요샤 롱(Aljoscha Long)은 사람 마음속에 검은 늑대와 하얀 늑대가 살고 있다고 했다. 검은 늑대는 부정적인 감정이나 사고를 나타내고, 하얀 늑대는 긍정적인 감정이나 사고를 나타낸다. 저자는 어떤 늑대에게 밥을 주는지에 따라 어떤 감정을 느낄지가 결정된다고 했으며, 선택은 자신에게 달렸다고 했다. 늘 자신에게 비난의 화살을 돌리는 아이가 있다. 반면 실패는 언제나 할 수 있으며 언젠가는 우리도 성공할 수 있을 거라고 말하는 아이가 있다. 이 둘은 당장 실패한 결과는 같아도 앞으로의 미래는 그렇지 않을 확률이 높다. 결과적으로 '내가 지금 어느 쪽을 믿고 선택하느냐'에 따라 달라진다는 얘기다.

하지만 아이들의 경우 주변 타인의 영향을 많이 받는다. 하얀 늑대에게 먹이를 주어야 한다는 것을 머리로는 분명 알고 있지만, 늘 자신에 대해 안 좋은 말을 하는 것이 습관처럼 저장되어 있는 경우라면 그것이 쉽지 않다는 것이다. 이런 아이들에게는 있는 그대로의 상황을 받아들이고 바람직한 행동을 선택할 기회와 경험이 필요하다. 하지만 아이들은 생각보다 이런 경험이 많지 않다. 교육과정 내에서 운영하려고 해도 자연스럽지 않은 경우도 많고 말이다.

이때, 보드게임을 활용해 보자. 보드게임은 게임에서 만든 시스템을 따르게 되어 있다. 그래서 어떤 보드게임은 게임 안에서 자연스럽게 긍정적인 표현을 하게 되기도 한다. 부정적인 말을 자주 사용하는 아이들의 경우에는 힘이 나는 응원과 격려의 말을 하는 활동에 유독 힘들어하는 경우가 있다. 평소에 쓰지 않는 언어이기에 쉽게 전환이 되지 않는 것이다. 이때, 보드게임 시스템을 활용해 자연스럽게 유도하면 훨씬 쉽게 받아들일 수 있다.

<자아선언문> 카드는 자신을 표현하는 에너지가 높은 문장으로 만들어진 카드다. 여기에 게임적 요소를 넣어 자아선언문 게임을 만들면 아이들이 규칙 안에서 긍정적인 표현을 하도록 할 수 있다. 아이들은 질문을 듣고 자신의 어려웠던 사연을 공개한다. 듣는 아이들은 사연을 말해 준 아이에게서 발견한, 특별한 모습과 어울리는 자아선언문 카드를 선택해 낸다. 그리고 사연자는 다른 아이들이 낸 자아선언문 카드를 보면서 자신이 직접 발견하지 못한 자신의 새로운 면을 발견하게 된다. 비록 힘든 상황을 말했지만, 그 안에서 보이는 새로운 에너지를 다른 사람이 골라 준 카드를 보면서 느낄 수 있다. 특히 여러 명이 해 주는 긍정적인 자아선언문은 거대한 파도가 모래에 적힌 글씨를 씻겨 주듯 부정적인 감정을 지워 준다.

자아존중감은 자신에게 긍정적인 말을 스스로 선택하고, 그것을 진실로 믿을 때 높아진다. 긍정적인 격려와 응원을 반복해서 듣는다면 부정적인 상황에서도 긍정적인 버튼을 누를 수 있다는

자신감이 생긴다. 이렇게 경험하게 되는 타인의 응원은 긍정적인 선택을 하는 데 있어 큰 도움이 된다.

자아선언문 게임 방법

이미지 가이드는 QR코드를 통해 확인하실 수 있습니다.

❶ 자아선언문 카드에는 나를 일으킬 수 있는 확언이 적혀 있다.

❷ 자아선언문 카드를 같은 수만큼 나눠 갖는다.

❸ 자신의 차례에 사연자가 되어 나누고 싶은 사연을 질문지에 따라 이야기한다. 사연자 왼쪽에 있는 사람이 질문을 순서대로 읽어 준다. 질문지는 다음과 같다.

이미 극복한 일	아직 해결되지 않은 문제
·어떤 일이 있었나요?	·어떤 일이 있었나요?
·어떻게 하고 싶었나요? 그때 어려움은 무엇이 있었나요?	·하고 싶은 것은 무엇인가요? 어려움은 무엇인가요?
·어떻게 극복할 수 있었나요?	·어떻게 하면 극복할 수 있을까요?
·자신에게 응원의 말 한마디 해 주세요.	·해결되었다면 어떤 모습일까요?
·자신을 "○○아!"라고 부르고, 응원의 말을 해 주세요.	·1년 후의 내가 지금 힘들어하는 나에게 한마디 해 주세요.
	·○○아!"라고 부르고, 응원의 말을 해 주세요.

④ 다른 사람들은 사연자의 이야기를 듣고 어울리는 자아선 언문 카드를 하나씩 낸다.

⑤ 사연자는 숫자 토큰을 가장 마음에 드는 순서대로 놓는다. 이때, 숫자가 보이지 않게 뒤집어 놓는다.

⑥ 다른 사람들은 1순위라고 생각하는 카드에 숫자 토큰을 2개씩 놓는다. 한 곳에 2개를 모두 놓아도 되고, 나누어 놓아도 된다.

⑦ 모두 선택했으면 사연자는 숫자를 공개한다.

⑧ 맞힌 사람은 놓은 토큰 수만큼 점수를 얻는다.

⑨ 정답은 아니지만 다른 사람의 숫자 토큰이 놓여 있다면 카드 주인도 1점을 얻는다.

⑩ 사연자는 카드를 고른 이유를 말해 준다. 카드를 낸 사람도 사연자에게 응원의 말을 해 준다.

⑪ 돌아가며 정해진 라운드까지 게임을 계속한다.

자아선언문 게임 후 돌아보기

● 자신에게 힘이 되는 자아선언문은 무엇이었나요?
● 그 말이 힘이 되는 이유는 무엇인가요?
● 자신의 삶에서 중요한 것이 무엇인지 적어 보세요.

플립, 마음챙김, 당신을 응원합니다, 라이크 샤워

삶에는 나레이션이 없다. 보드게임을 통해 부정적인 상황을 꺼내 보고 자기를 표현하게 하자. 선생님이 먼저 자신의 사연을 말해 주자. 아이들에게 자아선언문 카드를 받고 느껴지는 마음을 그대로 표현해 주면 아이들도 쉽게 참여할 용기가 생긴다. 뇌과학자 장동선 박사에 따르면, 갑각류가 성장하는 때는 허물을 벗고 나올 때라고 했다. 그리고 그 순간이 가장 약할 때이기도 하다. 아이들의 마음도 그렇다. 가장 약한 마음을 드러내는 용기를 가질 때, 비로소 아이들의 마음 성장이 시작된다. 이때, 놓치지 말고 한 마디 가슴에 넣어 주자. 그 에너지가 아이를 다시 일으킨다.

"진솔하게 말할 수 있는 넌 참 용기있는 사람이야. 너를 보여줘서 고마워!"

감정을 표현하는 능력
〈딕싯〉

한 번 상상해 보자. 비 오는 날, 길을 가던 중이었다. 자동차가 물웅덩이를 밟아 고여 있던 물이 내게 쏟아지는 바람에 온몸이 흠뻑 젖고 말았다. 이 경험을 한 사람은 내게로 날아오던 물벼락을 어떻게 기억할까? 거대한 파도가 나를 덮치듯 쏟아졌다고 기억할지도 모른다. 당시 부정적인 감정이 컸다면 쏟아진 물의 기억은 실제보다 훨씬 더 거대했을 것이다. 우리는 우리의 경험을 있는 그대로 그리거나 영상으로 촬영해 저장하는 것이 아니다.

그 순간 느껴진 감각의 정도와 나의 해석에 따라 달라지는, 실제가 아닌 느낌으로 저장한다. 이를 '내부표상(Internal Representation)'이라고 한다. 위와 같은 상황을 기억할 때에도 마찬가지로 실제의 물의 양과 내가 느낀 물의 양이 다를 수 있다.

학부모 상담을 했을 때였다. 교실에는 아이들이 있어 비어 있는 교실로 들어갔다. 네 분 정도가 오셨고, 나는 우선 학부모님들의 마음을 열기 위해 준비한 활동을 했다.

"아, 이런 것 좀 안 했으면 좋겠어요."

오늘 처음 뵙고 아직 서로를 모르는 상태인데 거부하는 말이 들려오니 마음이 적잖게 흔들렸다. 바로 상담으로 넘어가겠다고 말하고, 한 분씩 가장 궁금한 것에 대해 말해 달라고 요청했다. 심장은 두근대고 초조했지만, 그런 내 감정을 최대한 들키지 않기 위해 꾹꾹 눌러서 말했다. 당시 내 오른쪽에 계신 분부터 이야기를 요청했다. 그분은 나의 블로그 사용에 대해 지적하셨다. 아이들의 개인정보가 들어 있다는 것, 그리고 블로그를 작성한 시간이 수업 시간이 아니냐는 점을 언급하셨다. 그 순간 당혹스러웠다. 블로그는 아이의 성장에 대한 관찰과 학부모와의 소통을 위해 시작했던 것이었기 때문이었다. 학기 초부터 이런 부정적 피드백을 받으니 기운이 쭉 빠졌다.

다시금 그때의 순간을 떠올리면 학부모는 마치 커다란 괴물같이 느껴졌다. 내 머릿속에서는 거대한 학부모가 뒷짐을 지고 내게 무어라고 고함을 치는 것만 같았다. 기억을 지우고 싶어도 끝끝내 남아 있었다. 이처럼 기억은 기억하는 순간 느껴지는 감정과 상태를 반영해 왜곡된다.

아이들은 감정조절 능력이 아직 덜 발달되어 이런 부정적인 경험을 어른보다 훨씬 더 강하게 느낄 수 있다. 어느 날, 한 학생이 전담실에 못 가겠다고 울면서 찾아온 적이 있다. 지난 시간에 영화를 봤는데, 영화의 내용이 너무 무서웠다며 전담실로 간다고 생각하니 그 장면이 떠올라 가기 싫다는 것이었다. 무엇이 떠오르냐고 물었더니, 도로에 머리카락을 얼굴까지 덮은 사람이 자기 쪽을 보고 있다고 했다. 주변 배경이 빨갛다고 말하던 아이는 교과서를 가슴에 꽉 끌어안고는 안절부절못했다. 나도 어린 시절 공포영화를 본 뒤 그 장면이 떠올라 그것과 비슷한 것만 보면 심장이 두근두근하고 몸이 얼어 버렸던 기억이 있다. 지금도 깜깜한 곳에 가면 내 몸을 누군가 죄는 느낌이 든다. 하물며 아이들은 부정적인 경험을 훨씬 더 강하게 느끼니 어떻겠는가.

어떤 한 감정을 너무 크게 느껴 버리면 그 상황에서 느꼈던 다양한 감정들이 가려진다. 마치 그 한 감정이 전부인 것처럼 현재를 해석해 버린다. 게다가 이런 감정이 부정적일 경우 아이들에게 안 좋은 영향을 줄 수 있다. 그렇다면, 이럴 때는 어떻게 해야 할까? 천천히 당시의 상황을 돌아보고, 놓쳤던 감정들을 찾아야 하지만 생각처럼 잘되지 않는다. 상담에서는 이럴 때 '그림'을 활용한다. 은유적으로 표현된 그림은 내 마음을 대변해 준다. 그림으로 마음을 꺼내고 나면 한결 후련해지기도 한다.

딕싯 게임 소개

〈딕싯〉은 여러 가지를 상상할 수 있게 하는 그림들로 이루어진 보드게임이다. 카드에 그려진 그림은 사람에 따라 각기 다른 감정을 느끼게 한다. 내면을 탐색하는 질문과 함께 그림을 고르면 내면의 이야기가 훨씬 쉽게 나온다. 강하게 저장된 기억은 주로 강한 감정과 함께 저장되기 때문에 그림을 통해 감정을 자극하면 자신의 사연을 꺼내는 데 도움이 된다.

딕싯 게임 방법

이미지 가이드는 QR코드를 통해 확인하실 수 있습니다.

기본 방법

❶ 카드를 잘 섞어 6장씩 갖는다. 숫자 토큰도 같은 색깔로 가져간다.

❷ 이야기꾼을 정한다. 이야기꾼은 가진 카드 중에 끌리는 카드 하나를 고른다.

❸ 고른 카드를 뒤집어 내려놓으며 떠오르는 단어나 문구, 문장을 말한다. 예로 감정, 노랫말, 짧은 문장 등이 있다. 다른 사람들은 이야기꾼이 낸 카드와 어울리는 카드를 1장씩 골라 뒤집어서 내려놓는다.

❹ 내려놓은 카드들을 잘 섞어 그림이 보이게 나란히 늘어놓는다. 이야기꾼은 그림 위에 왼쪽부터 순서대로 숫자 토큰을 놓는다.

❺ 다른 사람들은 이야기꾼의 카드라고 생각하는 숫자 토큰을 숫자가 보이지 않게 뒤집어 놓는다. 이때, 꼭 순서에 맞지 않게 놓아도 된다.

❻ 숫자 토큰을 앞면으로 돌려놓고 숫자에 맞게 옮긴다.

❼ 이야기꾼은 정답을 공개하고 이유를 말한다. 다른 사람도 자신이 낸 카드의 이유를 말한다.

⑧ 모두가 정답을 맞히면 이야기꾼은 0점, 맞힌 사람은 2점을 얻는다.

⑨ 모두가 틀리면 이야기꾼 0점, 이야기꾼이 아니지만 선택받은 카드 주인은 토큰 개수만큼 점수를 얻는다.

⑩ 일부만 맞히면 이야기꾼은 3점, 맞힌 사람은 3점을 얻으며, 이야기꾼이 아니지만 선택받은 카드 주인은 1점을 얻는다.

⑪ 정해진 라운드를 진행하고 가장 점수가 많은 사람이 승리한다.

※ 점수 내는 방식

	모든 사람이 정답을 맞혔을 경우	일부만 맞혔을 경우	모두 틀렸을 경우
이야기꾼	점수 없음	3점	점수 없음
플레이어	맞힌 사람만 2점	맞힌 사람 3점 다른 사람이 자신의 카드를 선택한 수만큼 점수	다른 사람이 자신의 카드를 선택한 수만큼 점수

이미지 가이드는
QR코드를 통해 확인하실 수 있습니다.

응용 방법: 마음 알아보기

❶ 그림 카드를 테이블 위에 펼쳐 놓는다.

❷ 주제에 어울리는 카드를 2~3장 뽑는다.

❸ 주제 예시는 다음과 같다.

- '요즘 나는~'이라고 생각하며 어울리는 카드 뽑기
- 내가 자주 느끼는 감정, 내가 앞으로 느끼고 싶은 감정을 생각하며 카드 4~5장 뽑기
- 나의 강점, 내가 가지고 있지만 남들은 잘 모르는 내 모습, 나의 바라는 모습 각각 1장 이상 뽑기
- 상담이나 하루를 마칠 때 원하는 모습 뽑기

❹ 한 사람씩 카드를 뽑은 이유를 말한다.

❺ 듣는 사람은 이야기 속에서 발견한 긍정적인 면을 말해 준다. 예로 '말을 들으면서 긍정적인 에너지가 느껴졌어요.' 등을 들 수 있다.

❻ 활동 소감을 돌아가며 말한다.

감성적인 이미지는 내가 경험한 감정과 느낌을 건드린다. 사진을 고른 이유를 말하다 보면, 어느덧 나의 이야기를 하고 있다. 일단 표현하면, 표현하기 전과 같지 않다. 이미 그 이야기의 무게는 조금 가벼워진다. 〈딕싯〉으로 내 마음을 더 선명하게 알아보자. 그리고 나의 이야기에 귀 기울여 보자.

감정을 읽는 능력
<이모션 큐레이터>

감정은 '에너지'다. 감정을 느끼면 차오르는 에너지를 적당히 분출해야 속이 곪지 않는다. 하루를 보낸 뒤 거실 소파에 등을 기대고 아침부터 무엇을 했는지 돌아보곤 한다. 평온했던 것 같은 하루도 다양한 감정 속에 있음을 깨닫고 흠칫 놀란다. 어떤 감정은 풀렸지만, 어떤 감정들은 여전히 남아 있다. 그러면 잠시 시간을 내어 나에게 있던 일을 스스로 떠올린다. 그리고 그렇게 감정을 어루만져 준다. 그 순간을 다시 경험하며 그때 내가 기억하던 나만의 스토리가 있음을 깨닫는다. 스스로 나와 묻고 답한다.

"아침에 일어나자마자 불안하고 조급한 마음이 들었지. 그동안 열심히 한다고 준비한 일인데, 잘되지 않는 것 같은 마음이 들어 그랬구나! 충분히, 그럴 수 있어. 답답했겠다."

이렇게 내가 내 감정을 읽어 주면 그것만으로 같은 경험을 다시 쓰는 것 같은 기분이 든다. 감정은 에너지라서 필요한 시기에 가볍게 들어 주는 것만으로도 좋다. 그렇지만 하루는 참 바쁘다. 바쁜데 일은 줄지 않는다. 하나를 끝내기도 전에 다른 일이 들어온다. 그 속에 내 감정 하나 표현하지 못하고 지나는 순간들이 참 많다.

몇 년 전, 지역 내에서 가장 학생 수가 많았던 학교에서 근무할 때였다. 4층짜리 건물이 앞 동과 후 동으로 나뉘어 있었다. 앞 동 건물에는 옥상으로 가는 문이 있었다. 그곳에는 에어컨 실외기가 설치되어 있었고, 주로 과학 실험을 할 때 이용했었다. 난간이 설치되어 있지 않아 안전상 문을 잠가 놓았다. 그런데 그날은 무슨 일인지 문이 열려 있었나 보다. 점심시간, 밥을 먹고 교실로 향하는 복도에서 한 아이가 내게, 민주가 옥상에 갔다고 말했다. 나는 민주와 형수를 불렀다.

"너 형수랑 옥상 갔다고 하는데 맞니?"

"네…."

"옥상 못 가는 거 몰라?"

"…."

"거기는 위험하다고 떨어질 수도 있는 곳이라고 했잖아!"

지금이라면 이러지 않겠지만, 그때는 아이들에게 무슨 일이 있었는지 물어보지 않았다. 안전을 강조해야 한다는 생각에 아이를 나무라기만 했다. 게다가 다른 반인 형수보다 우리 반 민주를 더 혼냈다. 규칙을 어긴 건 맞지만, 민주는 닦달하는 나를 초점 없는 눈으로 바라보며 얼어 버렸다. 평소 나를 잘 따르던 아이였다. 어렵고 힘든 일이 있으면 먼저 다가와 말을 걸어 주곤 했다. 그런 아이가 규칙을 어겼다고 생각하니 속이 상했고, 그렇지 않았으면 했다. 후에 아이에게 사과하며 그때 일을 다시 말하게 되었을 때, 사실은 친구가 가자고 해서 잠깐 갔다는 말을 들었다. 당시의 내 말이 아이의 말을 막았다는 생각이 들어 너무 미안했었다. 만일 무슨 일인지 먼저 듣고 아이의 감정을 들어 줬더라면 결과는 전혀 달랐을 거다.

교사인 나도 한때 감정 읽어 주기가 쉽지 않았다. 감정을 읽어 주는 말을 해 보면 어색하게 올라오는 기운에 몸을 움츠렸다. 이것이 중요하다는 걸 알고 트레이닝 했을 때 마치 내 대화 방식을 처음부터 다시 배워 가는 느낌이었다. 마스터 트레이너가 나의 감정을 읽어 줄 때는 마음속에 있었던 불편했던 감정이 쭉 내려가는 느낌이 들었다. 그때 깨달았다. 감정은 에너지라는 것을. 감정을 적절하게 해소하지 않으면 감정이 쌓인다. 그리고 그렇게 쌓이고 쌓이면 결국 폭발한다. 감정의 중요성에 대해 깨닫고 나서는 참 많이 부끄러웠다.

때는 2018년, 초등학교 6학년을 가르쳤을 시기다. 학기 초인데도 불구하고 남학생 두 명이 늘 싸우는 것이 아니겠는가. 알고 보니 이전에 같은 반이었을 때부터 이어지던 다툼이었다. 한 아이는 친해지고 싶은 마음에 몸을 툭툭 건드렸고, 다른 한 아이는 이 행동을 자기를 무시하는 것으로 받아들였다. 그리고 감당할 수 없는 상태에 이르자 울며 상담을 요청했다. 친구가 싫어하는 행동은 멈춰야 한다. 몰랐다면 친구의 입장이 어땠는지 들어 보고, 친구의 감정을 이해했어야 했다. 하지만 그동안 아이는 그런 방법을 익히지 못했다. 당하는 친구도 하지 말라는 표현을 감정이 불편해지기 전에 낮은 수준의 말로 이야기해야 했다. 또 놀자고 했을 때 상대방이 싫어한다면 멈춰야 했고 말이다. 그러려면 스스로의 감정, 그리고 상대방의 감정을 읽는 능력이 필요하다.

하지만 아이들 역시 감정을 읽는 게 어렵다. 왜 그럴까? 대부분의 대화 패턴이 '문제와 해결' 중심에 있다. 일상이 바쁘면 더욱 더 문제 해결 쪽으로 치우친다. 어른도 아이도 마찬가지다. 내 앞에 있는 문제뿐 아니라 이미 가지고 있는 문제가 많은데, 거기에 또 하나의 문제가 더해지는 느낌이 드는 것이다. 하지만 이렇게 되면 시험지의 문제를 푸는 것과 같아 진다. 문제는, 시험 문제는 틀려도 문제가 상처받지 않지만, 사람은 상처받을 수 있다는 점이다. 그래서 감정을 읽는 센서를 갖추어야 한다.

감정을 읽어 주는 것은 상대방의 입장에 잠시 머물러 보는 것으로부터 시작한다. 이때, 마음속으로 이런 질문을 한다.
'저 사람은 어떤 마음일까?'
이렇게 감정을 짐작해 보는 것으로 감정 읽기를 시작한다.

이모션 큐레이터   게임 소개

보드게임 〈이모션 큐레이터〉는 심리학자 폴 에그만(Paul Ekman)의 인간의 기본감정 6가지를 보드게임으로 나타낸 작품이다. 그는 인간이 가지고 있는 기본적인 감정이 인종, 지역, 나라와 상관없이 존재한다고 했다. 6가지의 기본감정이 있고, 다른 감정들은 이 6가지 기본감정의 조합으로 나타난다는 것이다. 첫째는 '분노'다. 분노는 부당한 대우를 받을 때 자기를 지키는 능력이다. 둘째는 '슬픔', 이는 공감할 수 있는 능력이다. 그리고 셋째는 '기쁨'이다. 자신을 살아가게 하는 원동력으로, 좌절에서 다시 살 수 있게 한다. 넷째는 '혐오'이다. 자신에게 해로운 것이 무엇인지 알게 하고, 그것으로부터 멀리 떨어지게 한다. 그리고 다섯째, '두려움'이다. 자신에게 위험한 게 무엇인지 알게 하고, 그것으로부터 떨어지게 한다. 마지막 여섯째는 '놀라움'이다. 놀라움이라는 감정은 놀라움이 해결되고 안정감을 느낄 때 재미를 느끼게 된다. 〈이모션 큐레이터〉는 주어지는 명화 속 인물의 감정을 추리하면서 상대방의 감정이 무엇인지 재미있게 익히게 해 준다.

이모션 큐레이터 게임 방법

이미지 가이드는
QR코드를 통해 확인하실 수 있습니다.

① 감정 카드, 자유질문 카드, 점수판, 점수 토큰, 주사위 등 구성물을 한 세트씩 가져온다.

② 명화 카드와 질문 카드를 잘 섞어 한쪽에 놓는다.

③ 가장 최근에 미술관을 간 사람이 이모션 큐레이터가 되어 명화 카드를 1장 뽑는다. 뽑은 카드는 모두가 잘 보이는 곳에 둔다.

④ 주머니에서 감정 카드 3개를 보이지 않게 뽑는다. 그중 하나를 고른다.

⑤ 뽑은 감정 카드 뒷면에 Van Gogh's BRUSH가 나오면 즉시 1점을 얻는다. 감정 카드를 하나 다시 뽑는다.

⑥ 명화를 보고 고른 감정과 어울리는 이야기를 상상한다. 이야기가 정리되고 마음의 준비가 충분히 되면 다른 사람들에게 알린다. "자, 준비가 됐어요. 질문해 주시겠어요?"

⑦ 다른 사람들은 청중이 된다. 이모션 큐레이터 왼쪽에 있는 사람부터 질문 카드를 뽑고 질문한다. 질문은 돌아가며 4번씩 할 수 있다.

⑧ 질문 카드 대신 자유질문 카드를 내고 원하는 질문을 할 수도 있다.

⑨ 청중은 묘사한 이야기를 듣고 카드와 주사위를 이용해 감정이 무엇인지 추측한다.

⑩ 감정을 골랐으면 보이지 않게 감정 카드를 뒤집고, 손바닥으로 주사위를 가려 자신의 앞에 둔다.

⑪ 모두 골랐으면 한 명씩 돌아가며 자신이 추측한 감정과 이유를 말한다. 끝나면 큐레이터도 정답을 공개하고 이유를 말한다.

⑫ 기본 감정(1차 감정)을 맞혔으면 1점을, 상세 감정(2차 감정)까지 맞혔으면 2점을 얻는다. 틀리면 점수를 얻지 못한다.

⑬ 점수 토큰으로 점수를 표시한다. 15점을 먼저 얻는 사람이

승리한다.

이모션 큐레이터   게임 후 돌아보기

- 게임을 하면서 어떤 마음이 들었나요?
- 많은 감정을 표현하면서 어떤 마음이 들었나요?
- (큐레이터에게) 친구들이 감정을 맞혀 줬을 때 어떤 마음이 들었나요?

관련 보드게임

너도? 나도! 파티, 브레인스톰, 딕싯, 필링스, 공감실험 예씨!

예전에 한 연수에서 초등학교 학생들이 가장 많이 느끼는 감정 1위가 '억울함'이라고 했다. 앞서 말한 대로 감정은 에너지다. 적절하게 흘려보내지 않으면 다른 모습을 하고 반드시 다시 찾아온다. 게임을 통해 감정 읽기를 하고 실천해 보자.

"아, 그랬구나. 속상했겠다."

아이의 감정을 읽어 주는 것만으로 수많은 문제가 해결될 수 있다.

타인에 대한 이해

공감하는 능력
<너도? 나도! 파티>

　'공감'이라는 말, 참 자주 한다. '공감이 필요해요', '공감해 주세요', '이럴 때 공감해 주면 좋아요' 등. 하지만 '공감'이 무엇인지 알려 주려면 어렵다. 공감은 말보다 느낌이기 때문이다.

　2015년부터 교사 역할 훈련(Teacher Effectiveness Training) 트레이너 과정을 밟았다. 모두 일곱 가지의 대표적인 기술을 배우고 익힌다. 그중 하나가 '적극적 경청'이라는 공감 기술이었다. 적극적

경청은 상대방에게 온 마음과 주의를 기울이고 상대방의 입장과 감정을 반영해야 하는데, 내게는 그 방식이 너무 낯설었다.

"그랬구나."
"속상했겠다."

상대방의 말을 듣고 있는 그대로 받아 주는 말인 '그랬구나', 상대방의 감정을 읽어 주는 말인 '속상했겠다'라는 표현은 참 어색했다. 이 말을 직접 입으로 내뱉었을 때, 부끄러움이 올라왔다. 마치 내 몸에 맞지 않는 옷을 입은 것 같기도 했다. 그래도 신기했던 건, 속상했던 이야기를 하고 나서 마스터 트레이너가 "그랬군요. 속상하셨겠어요."라고 말해 주며 내게 정성을 기울이면 내 마음이 한결 부드러워진다는 점이었다. 낯설었지만, 바로 이 태도와 말이 '공감'이라는 것임을 느낄 수 있었다. 공감은 참 따뜻했다.

이후 트레이너가 되었으니 이러한 기술들을 실천해야겠다고 결심하고는 한참을 연습했다. 그런데 참 몸에 안 익었다.
'내가 공감을 받아 본 경험이 많지 않구나!'
예전에는 마음이 상하는 일을 겪으면 부모님이나 지인에게 이런 사실을 표현했었다. 하지만 말하고 나서 마음이 풀렸던 적은 거의 없었다.

"넌 뭘 이런 걸 가지고 고민하냐. 다른 사람들은 잘만 하던데."

"이렇게 하면 되잖아. 그것도 못하냐!"

속상한 내 감정을 말로 표현한 건데, 듣는 이는 그것을 튕겨내 내게 돌려 주었다. 그렇게 돌아온 말은 또 다른 상처로 남았다. 결론은 '내가 이상하다'였다. 힘든데 꺼내 봤자 얻을 게 없다는 걸 느끼자, 나는 더 이상 다른 사람에게 속상한 일을 말하는 행동을 하지 않았었다.

트레이너가 된 지 2년쯤 지났을 때 '적극적 경청'이 익숙해졌다. 다른 사람과 대화나 상담을 할 때 감정을 읽으려 애썼고, 그걸 표현해 주려 노력했다. 그렇게 꾸준하게 하다 보니 '공감'은 받는 사람의 마음을 편하게 해 주는 것뿐만 아니라, 해 주는 사람에게도 에너지를 준다는 것을 깨달았다. 부정적인 감정이 느껴질 때 공감은 그 감정을 밖으로 빼 주는 수도꼭지와 같이 느껴졌다. 그리고 그렇게 감정이 빠져나가면 상대방의 에너지가 분노나 짜증, 서운함과 속상한 같은 감정에서 다소 편안한 상태로 변했다. 이런 에너지의 전환은 들어 주는 사람에게도 전해져 시원함이 느껴졌다.

내가 처음 느꼈던 것처럼 어린 시절 공감을 받아 보지 못한 경우에는 공감적 말하기가 잘 되지 않는다. 공감을 배우더라도 익숙하지 않음에서 오는 어색함 때문에 금방 원래의 대화 패턴으

로 돌아오고 만다. 이 때문에 공감받았을 때의 기분 좋은 느낌을
충분히 체험해 보아야 한다.

너도? 나도! 파티　게임 소개

　　〈너도? 나도! 파티〉는 아이들과 자
주 사용하는 공감 보드게임이다. 종
이와 연필만 있으면 언제 어디서든,
몇 명이든 할 수 있어 수시로 활용한
다. 게임을 통해 함께 하는 사람들의
주제에 대한 경향성도 알 수 있어 공
감의 느낌을 경험하게 하는 데 도움
이 된다.

　2018년도 2학기에는 '선생님이 자주 사용하는 말'이라는 주제
로 게임을 했다. 내가 가장 많이 사용하는 말이 '지금 뭐 하는 거
죠?'였다. 아이들은 자신이 생각하고 있던 것을 다른 친구들도
똑같이 생각한다고 하니까 신기해하면서도 연결되는 느낌을 받
았다고 했다. 그 활동을 하면서 한참을 웃었다. 나 역시 호통치지
않고 낮은 목소리로 말했던 것뿐인데, 오히려 소리를 질렀을 때
보다 훨씬 더 무서웠다는 말을 듣고는 그 이유가 궁금했다. 아이
들은 낮은 목소리가 더 영향력 있다고 했다. 덕분에 나의 말 습관
도 알게 되고, 아이의 마음도 알 수 있었던 순간이었다.

너도? 나도! 파티 게임 방법

자세한 게임 방법은
QR코드를 통해 확인하실 수 있습니다.

기본 방법

① 연필과 시트지를 준비한다.

② 질문 카드를 뽑는다. 빨간색과 초록색 두 종류가 있다.

③ 한 사람이 질문을 읽는다. 떠오르는 단어 6개를 시트지에 적는다. 이때, 다른 사람이 보이지 않게 적는다.

④ 다 적었으면 돌아가며 적은 단어를 말한다. 같은 단어를 적은 사람을 센다. 그 수가 곧 점수가 된다.

⑤ 같은 것을 적은 사람도 같은 점수를 얻는다. 자신밖에 적지 않았다면 점수를 얻지 못한다.

⑥ 3라운드까지 진행해서 가장 점수가 높은 사람이 승리한다.

⑦ 빨간색 카드는 적은 단어가 뜻만 맞으면 같은 단어로 보고, 초록색 카드는 적은 단어가 정확해야 점수를 얻는다.

응용 방법: 공감하기

① 질문에 6가지씩 적는다.

② 차례를 정하고 자신의 순서에 1가지씩 말한다. 이때, 같은 단어를 적은 사람은 손을 든다. 손 든 사람의 수가 그 단어를 적은 사람들의 점수가 된다.

❸ 적은 사람은 돌아가며 자신이 적은 것과 관련된 경험을 말한다. 예를 들어 "공항 면세점에서 사야 하는 물건은?"이라는 질문에 홍삼을 말했다면, 홍삼이라고 쓴 이유를 들려 준다.

❹ 같은 것을 적은 사람도 자신의 경험을 말한다. "나는 ~ 때문에 홍삼을 샀었어." 이때, 이유를 듣고 연결되는 경험이 있다면 말한다.

❺ 모두의 이야기가 끝나면 차례를 넘기고 다음 사람이 적은 단어 하나를 말한다. 마찬가지로 그 단어와 같은 것을 적은 사람은 손을 들고 그 수를 센다. 그리고 자신의 경험을 말한다.

❻ 만약 아무도 적지 않은 단어가 나오면 "그렇게 적은 이유가 있나요? 사연을 들려 주세요. 궁금해요."라고 묻는다. 이후 경험을 들어 본다. 다른 사람들에게 이와 비슷한 경험이 있는지 묻고, 이야기를 듣는다.

❼ 모든 사람이 적은 것을 모두 말하면 게임이 끝난다. 지금까지 얻은 점수를 더한다. 그것이 자신의 점수가 된다.

❽ 마무리 멘트를 한다.
"나와 같은 것을 적은 사람이 손을 들었을 때 기분이 어땠나요? (신기했어요.) 그것이 공감입니다. 높은 점수를 얻기 위해서는 어떻게 해야 할까요? (다른 사람이 무엇을 생각할지 고민해 봐요.) 그것이 공감하는 방법입니다."

※ 모둠끼리 주제어를 보고, 함께 단어를 적는 협력게임으로 진행할 수 있다.

※ 감정 단어로도 게임을 진행해 보자. 한 아이가 감정 단어를 말하면 "그 감정을 언제 느끼나요?"와 같은 질문으로 구체적인 사연을 들을 수 있다. 들은 아이들에게 사연자에게 해 주고 싶은 말 한마디를 하게 하면 공감과 위로의 시간을 가질 수도 있다.

공감은 아는 것이 아닌, 느껴야 하는 것이다. 게임으로 질문에 대한 답변이 서로 같은 것을 알면 왠지 모를 연결감이 만들어진다. 적은 이유를 들어 보면 그 아이의 마음이 이해된다. 공감은 생각이 같음, 마음이 같음을 발견하는 것에서 시작한다. <너도? 나도! 파티>로 서로 통하는 느낌을 느껴 보자. 그 아이만의 특별한 사연까지 들어 보면 훨씬 더 연결되는 느낌을 받을 수 있다.

타인에 대한 이해

소통하는 능력
〈헬로우 Q 카드〉

'대화하자'라는 말도 쓰고, '소통하자'라는 말도 종종 쓴다. 이 둘은 차이가 있다. 대화의 의미를 네이버 국어사전에서 찾아보면 '마주 대하여 이야기를 주고받음'이라고 나와 있다. 서로 이야기만 오고 가도 대화라는 것이다. 반면에 소통을 찾아보면 '막힌 길을 뻥 뚫듯이 서로가 통하는 것'이라고 나온다. 듣는 이가 주는 말을 온전히 받아 주고 반영해 줄 때 이런 느낌을 받는다. 상담에서는 이런 순간을 '래포'가 형성됐다고 말한다. '마음의 다리를 놓는다'라고 비유적으로도 표현하고 말이다. 확실히 소통하면 내가 말한 것보다 훨씬 더 많은 것이 받아들여지는 느낌이 든다. 상대방의 말에서 말뿐만 아니라 더 많은 의미가 느껴진다. 이런 걸 보면 소통은 대화보다 한 차원 높은 말하기·듣기라고 할 수 있다.

이러한 소통에서 특히나 중요한 건 '듣기'다. 소통 전문가로 알려진 김창옥 교수의 <유쾌한 소통의 법칙 67>에서는 67가지 소통 법칙 중 첫 번째로 '소통하려면 1분만 기다려라'를 강조한다. 미국의 중심가, 뉴욕의 기차는 예정 시간보다 1분 늦게 출발한다고 한다. 이는 단 1분을 늦어 30분을 기다려야 하는 사람들에 대한 배려 때문이다. 같은 말이라도 말에는 그 사람만의 특별한 사연이 있다. 소통은 그를 위해 내 말을 멈추고 상대의 말을 단 1분만 들어 주는 것이라고 이 책에서는 기술한다. 이처럼 소통에서는 말하기보다 듣기가 더 중요하다.

우리나라 교육과정에도 소통에 있어 듣기가 더 중요하다는 점이 드러나 있다. 그동안 교육과정이 끊임없이 변했지만, 점점 말하기에서 듣기로 그 강조점이 움직이고 있는 것 같다. 소통과 가장 밀접한 관련이 있는 국어 교육과정에 있어서는 6차 교육과정까지 내용 영역에 말하기가 먼저 나오고, 그다음 듣기가 나왔다. 그러다 7차 교육과정 시기부터 듣기가 먼저 나오고 말하기가 나오더니, 2007 개정 교육과정부터 현재 교육과정까지는 아예 듣기와 말하기가 통합되어 제시되었다. 역시 말하기보다 듣기가 앞에 적혀 있다. 도구교과인 국어에서도 듣기가 앞서 있다는 것은 그만큼 소통에 있어서 듣기가 가장 중요하다는 것을 교육과정에도 나타낸 셈이다.

그렇다면 '잘 들으려면' 어떻게 해야 할까? 상대방이 잘 생각하고 잘 표현하며, 듣는 이가 잘 이해해야 한다. 여기서 '잘'이라는 건 내용과 느낌을 전달하는 것뿐만 아니라 주체적으로 들은 내용을 재구성하는 것도 포함한다. 그러려면 이야기를 듣는 것이 재미있어야 한다. 재미있으면 자꾸 하고 싶다. 듣기라는 행위가 감정적으로 끌리는 행동이 될 수 있다면 듣는 것을 좋아하게 되는 건 당연하다. 그러려면 우선, 상대가 듣고 싶게 해야 한다. 어떻게 듣고 싶게 할 수 있을까? 다양한 방법이 있겠지만, 보드게임은 상대방의 말이 궁금해지게 하는 시스템을 마련해 둔다.

〈헬로우 Q 카드〉는 다양한 질문 카드와 미션 카드로 이루어진 카드 형태의 간단한 교구다. 여기에 게임 시스템을 얹었다. 플레이어는 자신이 가진 카드의 질문이나 미션을 하는 것이 아니라, 상대방이 카드에 적힌 것을 듣고 자기 이야기를 하거나 몸으로 표현한다. 참고로 상대방은 어떤 카드가 나올지 모른다. 이 부분에서 듣는 것에 재미가 생긴다.

규칙을 추가해서 응용하면 재미있는 관찰기억력 게임이 되기도 한다. 여기에서는 '빙고게임'의 규칙을 넣어 〈내가 만난 사람들〉이라는 서브 게임을 한다. 서브 게임에서는 첫 번째 라운드 때 만났던 친구들의 대답과 모습을 기억해 보고, 관찰했던 내용으로 질문 카드를 만든다. '파란색 옷을 입은 사람?', '여행을 다녀온 사람?' 등의 질문을 빙고 칸에 적는다. 그리고 다시 일어나 내가 기억했던 사람을 다시 만나러 간다. 내가 적은 질문을 하고, 그것에 해당하는 사람이 있으면 그 사람의 사인을 받는다. 두 번째 라운드에서는 더 적극적인 소통이 일어나고, 조금 전 들었던

기억을 떠올리며 해야 하므로 잘 들어야 한다. 활동을 돌아볼 때
이런 부분을 나눠 보면 더 좋다.

헬로우 Q 카드 게임 방법

자세한 게임 방법은
QR코드를 통해 확인하실 수 있습니다.

첫 번째 라운드

❶ 참여하는 사람들은 무작위로 카드를 1장씩 가져간다. 카드
는 질문 카드와 미션 카드가 있다.

❷ 공간을 자유롭게 돌아다닌다. 그리고 2명씩 만난다. 가위바
위보를 해서 이긴 사람이 진 사람에게 자신의 카드에 있는
질문이나 미션을 읽어 준다.

❸ 진 사람은 질문에 답하거나 행동한다. 이렇게 서로 번갈아
한다. 더 알고 싶은 내용이 있으면 추가 질문한다.

❹ 다 했으면 카드를 서로 교환한다. 정해진 시간 동안 많은
사람들을 만난다. 시간이 되면 자리에 앉도록 안내한다. (이
때, 선생님도 한 번쯤 꼭 만나게 해도 좋다.)

❺ 아이들끼리 게임이 끝났다면 질문 카드와 미션 카드를 직
접 만들고 플레이해도 좋다.

자세한 게임 방법은
QR코드를 통해 확인하실 수 있습니다.

두 번째 라운드 〈내가 만난 사람들〉

❶ 첫 번째 라운드에 만났던 사람을 떠올리며 3*3 빙고판에 질문을 적는다. 이때의 질문은 눈에 보이는 질문이 아닌, 이야기하는 중에 알게 된 점으로 적게 한다. 예로 '꿈이 비행기 조종사인 사람은?'을 들 수 있겠다.

❷ 다 적었으면 모두 일어나서 공간을 돌아다닌다.

❸ 질문에 답을 할 수 있는 사람을 찾아 사인을 받는다.

❹ 1분 동안 최대한 많은 사람을 만난다.

❺ 1분 안에 3빙고를 완성하면 자기 자리에 앉도록 한다.

❻ 3빙고를 완성한 사람은 모두 점수를 3점씩 얻는다.

관련 보드게임

질문보드게임, 스토리큐브, 플러킨 페어즈, 통, 픽쳐스, 스파이폴, 피노키오

〈헬로우 Q 카드〉의 질문들은 자신을 성찰하게 한다. 되돌아보는 질문을 스스로에게 던지기도 하는데, 혼자 하면 생각이 잘 정

리되지 않는다. 하지만 같은 질문이라도 다른 사람이 하는 질문은 좀 다르게 다가온다. 왠지 모르게 더 대답하고 싶고, 더 진지하게 답하고 싶기도 하다. 그런 모습을 보면 듣는 사람도 정성껏 듣는다. 그렇게 서로의 이야기에 정성껏 귀를 기울이면서 서로 간의 소통을 배울 수 있다.

서로 돕는 능력
〈하나비〉

수학 시간에는 서로 도와주는 '멘토-멘티 활동'을 한다. 도움을
주고 싶은 아이가 도움을 받고 싶은 아이와 함께 앉아 수학 공부
를 도와준다. 처음에는 절반 정도가 신청하는데, 새로운 단원이
시작되면 대부분의 아이가 희망한다.

어느 날, 점심시간에 있었던 일이다. 평소 같으면 서둘러 손을
씻으러 갈 텐데, 몇 명의 아이들이 한 아이 주변에 둥글게 서서

뭐라고 설명하고 있는 것이 아닌가.

"나누기가 무슨 뜻이야? 한 번 그림으로 그려 봐! 5분의 1을 3으로 나눴어. 이걸 그림으로 그려 봐."

"잠시만, 5분의 1이 이렇게, 그러니까…."

"그래, 잘했어. 나누기 3이라고 되어 있지? 나누기 3이 무슨 뜻이야?"

"글쎄… 세 부분으로 똑같이 나누라는 거야?"

"그렇지! 잘했어! 왜 그렇게 생각했어?"

"원래 빵을 셋이 나눠 먹으면 빵을 똑같이 나누잖아."

"오 잘했어. 그것도 그림으로 그려 봐!"

바깥으로 간 아이들 줄을 세우려다가 멈추고는 잠자코 그 모습을 지켜봤다. 선생님이 알려줄 때는 갸우뚱하던 아이가 친구의 설명을 들으니까 더 적극적으로 변한 것만 같았다. 왜 그렇게 생각했는지 이유를 말하는 것을 부끄러워하지 않았다. 게다가 스스로 자신이 생각한 게 맞는지 확인해 보고 싶어 했다. 곧 아이는 친구들의 도움을 받아 무사히 문제 풀기 미션에 성공했다.

공부하다가 모르는 것이 나오는 건 너무나 당연할 수 있지만, 반 아이들 모두가 있을 때 모른다고 말하는 건 결코 쉬운 일이 아니다. 모르는 것을 인정할 때 부정적 감정도 같이 올라올 수 있기 때문이다. '다른 아이들은 이해한 것 같은데, 나만 이해가 안 되나?' 하는 생각이 들면 부끄러움도 찾아온다. 그리고 이런 감정을 처리하다가 질문하는 걸 놓치게 된다. 그래서 '멘토-멘티 활동'처럼 부담 없이 도와줄 수 있는 사람이 바로 옆에 있으면 훨씬 쉽게 물어볼 수 있다는 것이다.

누군가를 도와주는 행동은 에너지가 드는 행동이다. 내 것도 해야 하고, 다른 사람 것도 도와줘야 한다. 그럼에도 아이들에게 "도움을 줄 사람?" 하고 신청하라고 하면 너도나도 손을 든다. 이유는 아마도 도움을 주는 행동으로 얻는 만족감 때문일 것이다. 어떤 행위에 만족감을 느낀다면 그 행위를 계속하고 싶어진다. 협력도 그렇다. 도움을 받았을 때의 만족감, 도움을 줄 때의 만족감, 그리고 도움이 필요한 이유를 알면 서로 돕고 싶은 마음이 생겨난다.

인간은 태어날 때부터 삶의 방식을 익힐 때 누군가의 도움을 받을 수밖에 없다. 갓난아기가 엄마 뱃속에서 배 밖 세상으로 나오면, 살아가는 데 있어 가장 기본적인 먹는 것부터 시작해 체온을 유지하는 것, 먹이를 찾아 움직이는 것조차 스스로 할 수가 없다. 이런 상황에서 부모가 도와주려고 하는 마음이 없다면 태아는 매우 위험한 상태에 처할 수밖에 없다. 하지만 다행히도 우리 인간은 미성숙한 아이를 보면 도움을 주고 싶은 정서와 욕구가 생기도록 프로그램화되어 있다. 이런 것을 '모자 애착'이라고 한다. 실제로 갓 태어난 신생아를 보면 내 아이인지 아닌지를 떠나 사랑스럽게 바라보게 되는 경우가 있다. 또 전쟁에서도 가장 먼저 구해지는 건 아기다. 이렇듯 이미 우리의 뇌에는 누군가를 도와주는 프로세스가 존재한다.

누군가를 돕는 능력은 도움을 받는 경험과 도움을 주는 경험 모두에 만족감을 느낄 때 건강하게 자랄 수 있다. 한쪽이 일방적으로 도움만 주거나 일방적으로 도움을 받는 상황이 된다면 오래 지속되기 어렵다. 하지만 교육과정에서 주어지는 정보는 균등해 보여도 그렇지 못한 경우가 많다. 학습 능력이 우수한 아이들은 계속해서 높은 능력을 발휘하는 쪽에 있고, 낮은 아이들은 그렇지 못한 쪽에 있다. 이런 불균형은 잘 깨지지 않는다.

보드게임은 학습 능력이나 수준에 상관없이 비슷한 정보를 갖게 해 준다. 수업 시간에는 잘하고 못하는 아이가 시작도 전에 구분되지만, 보드게임은 그렇지 않다. 게임에 들어가면 모두가 공평하다. 그렇게 하나의 목표를 가지고 서로 돕는 과정을 게임을 통해 도움을 주거나 받을 때 느끼는 감정들을 공유하면, 다른 활동을 할 때도 전이될 수 있다.

하나비 게임 소개

'하나비'는 일본의 불꽃 축제를 말한다. 모두가 함께 다섯 색의 불꽃을 완성하는 협력게임이다. 이 게임은 처음부터 자신의 카드가 무엇인지 모르는 채로 시작한다. 오로지 다른 플레이어가 내 카드를 보고 주는 힌트를 듣고, 자신의 카드가 무엇인지 알아내야 한다. 힌트를 듣고 상대방은 알겠다는 표정인데 막상 카드를 내려놓으면 예상과는 다른 카드가 나오기도 한다. 이런 정보의 비대칭이 시스템이 서로 협력하지 않으면 공동목표를 달성할 수 없게 만든다.

하나비 게임 방법

자세한 게임 방법은
QR코드를 통해 확인하실 수 있습니다.

1. 구성물을 준비한다. 카드를 잘 섞어 4장씩 받는다. 이때 자기 카드는 불꽃이 그려진 앞면을 보지 않은 채 받는다.

2. 자기 차례에는 세 가지 행동을 할 수 있다. 다른 사람에게 정보를 알려 주거나, 자신의 카드를 버리거나, 카드를 등록

할 수 있다.

❷-① 정보 알려 주기

: 색깔을 알려 주거나, 숫자를 알려 줄 수 있다. 예를 들어, '이것, 이것은 빨간색이야.', '이것, 이것은 숫자 4야.'라고 말할 수 있다. 정보를 알려 주고 나면 파란색 토큰을 상자 밖으로 옮긴다. 파란색 토큰이 상자 안에 없으면 정보를 줄 수 없다.

❷-② 카드 버리기

: 자신의 카드를 버리고 새로운 카드를 가져올 수 있다. 이 때, 밖에 있던 파란색 토큰을 다시 안으로 옮긴다. 정보를 알려 줄 기회가 늘어난다.

❷-③ 카드 등록하기

: 자신이 가진 카드를 테이블 가운데 카드 숫자와 색깔이 맞도록 내려놓아야 한다. 내려놓은 카드는 숫자가 순서대로 커져야 하며 색깔도 같아야 한다. 색은 같지만 숫자가 순서에 어긋나면 실패한다. 이 경우, 빨간색 토큰을 상자 안으로 집어넣는다.

❸ 빨간색 토큰 세 개가 상자 안으로 들어가면, 게임이 종료되고 미션에 실패한다.

❹ 게임 중에 한 색깔의 불꽃을 완성하면, 즉시 파란 토큰 1개를 상자 안으로 넣는다.

❺ 카드 더미에서 마지막 카드를 가지고 오거나 다섯 종류의

불꽃을 모두 완성하면 게임이 끝난다.

⑥ 각 색깔의 마지막 숫자들의 합이 점수가 된다.

※ 카드에 대한 힌트를 줄 때 표정이나 헛기침 등으로 주면 협력의 느낌이 더 들게 된다.

하나비　게임 후 돌아보기

- 같이 완성했을 때 어떤 마음이 들었나요?
- 다음에 다시 게임을 한다면 어떤 응원과 격려의 말을 하겠나요?
- 함께해 준 친구들에게 한마디 해 준다면?

관련 보드게임

재치와 눈치, 호러레이스, 돌 대 인간, 저스트원

　서로 힌트를 주며 불꽃을 만들어 본 경험이 함께 무엇인가를 해냈다는 느낌이 들게 한다. 서로 균형 잡힌 상황에서 도움을 주고받아 본 경험은 다른 활동을 할 때도 영향을 준다. 긍정적인 협력 경험이 서로 돕고자 하는 마음을 유지시킨다. 그리고 긍정적인 경험은 다시 서로를 돕도록 만든다.

우리에 대한 이해

협업하는 능력
〈재치와 눈치〉

무거운 짐을 들고 가는 사람을 볼 때, 그 사람을 도와주고 싶은 마음이 들더라도 내게 당장 힘이 없다면 도와주기 어려운 것이 사실이다. 학교에서 하는 협력 수업도 마찬가지다. 함께 무언가를 하려 해도, 해결해야 하는 문제가 내게 버겁게 느껴진다면 참여하기가 쉽지 않다. 이런 상태에서 수업에 들어가면, 한 학생만이 주로 말하고, 다른 학생들은 듣게 되는 모습을 자주 볼 수 있다. 웬만큼 에너지 있거나 기질상 모르는 것에 개의치 않아 하는 학생이 아닌 이상은 참여가 힘들다는 것이다. 그리고 이런 경험이 반복되면 참여자에서 관객 모드로 그 역할이 이동하게 된다.

위에서 말한 '힘'이란 눈앞에 놓인 문제에 대한 이전의 경험과 지식, 기능의 차이를 말한다. 사실 함께 해결해야 하는 문제가 눈앞에 놓였을 때 완전히 동일한 조건에서 시작하는 건 거의 불가능에 가깝다. 협력이 미래사회의 기본소양으로서 긍정적 효과가 있다는 사실은 알지만, 협력하기도 전에 큰 문턱을 넘어야 하는 셈이다.

균형이 맞춰져야 소통이 양쪽에서 활발하게 이루어진다. 이런 경험을 하면 학생들은 협력에 특별한 의미를 부여하고, 앞으로 할 협력 활동에 흥미를 느낀 채 참여할 수 있다. 참고로 이전의 경험에 영향을 적게 받으며 협력을 긍정적인 방향으로 이끌 수 있는 보드게임이 있다.

어느 날, 칠판에 삼각형 하나를 그렸다. 둘레를 배우는 단원이었다. 학생들은 '선생님이 또 뭘 하시려고 칠판에 삼각형을 그릴까?' 하는 표정으로 나를 바라봤다.

"자를 사용하지 않아요. 모둠끼리 상의해서 둘레가 얼마 정도 되는지 알아보세요. 그 어떤 방법으로 길이를 예상해도 괜찮습니다."

어떤 학생들은 칠판 앞으로 나와서 한쪽 눈을 감고는 눈대중을 잡아 본다. 교과 내용을 다룰 때 했던 모습과는 사뭇 다른 분위기가 형성됐다. 수학 시간만 되면 졸거나 수업을 듣는 둥 마는 둥 했던 학생이 의자에서 엉덩이를 떼고 칠판에 그려진 삼각형을 요리조리 살핀다. 자리에서 벌떡 일어나 머리를 맞대고 있기도 했다.

"아! 얘들아, 얘들아! 나 있잖아! 방법이 생각났어. 예전에 내 손 길이 쟀었거든! 한 뼘이 10cm야! 그걸로 해 보면 어때?"

"오 좋은데. 해 보자!"

수학 시간에 말을 거의 하지 못했던 아이가 친구들이 좋다고 하니 흥이 올라오나 보다. 신이 나서 설명하고는 손바닥을 이리 대고 저리 댄다.

"모두 예상한 길이를 자석판에 적어 주세요. 다 적었다면 칠판에 숫자가 작은 순서대로 붙여 주세요."

숫자가 줄지어 늘어 있다. 다시 이어서 말했다.

"다른 모둠에서 붙인 숫자들도 포함해서 정답에 가장 가까운 숫자가 어떤 것인지 선택하세요."

아이들은 다시 머리를 맞대고 웅성거리기 시작한다. 보는 내내 흐뭇했다. 게임이 다 끝나고 아이들에게 다른 미션으로 교실의 폭을 줬다. 모든 과정을 혼자 하지 않았다. 서로 이야기하며 하나로 이끌어 내는 과정을 경험했다. 그리고 친구들이 낸 숫자 중에서 어떤 것이 좋은지 투표하며 성공했을 때의 짜릿한 경험을 느낀다. 다 끝나고 아이들에게 소감을 물으니 너무 재미있단다. 아이들은 둘레를 배웠을 뿐인데, 함께하는 재미를 덤으로 얻었다. 교실 분위기가 밝아진다.

재치와 눈치   게임 소개

<재치와 눈치>는 원래 개인 전으로 하는 게임이다. 하지만 주제를 듣고 답을 고르는 과정을 함께하게 하면 자연스럽게 협력을 끌어낼 수 있다. 이때, 주제는 숫자로 답을 낼 수 있는 것이라면 무엇이든 가능하다. 학급 학생들에서 답을 끌어와도 좋고, 선생님의 특징이나 학교, 지역의 특징에서 끌어와도 좋다. 서로 주제에 맞는 답을 생각하고 제시된 답을 선택하는 과정에서 자연스럽게 협력적 사고가 이루어지는 것을 볼 수 있다.

재치와 눈치 게임 방법

자세한 게임 방법은
QR코드를 통해 확인하실 수 있습니다.

❶ 같은 색깔의 정답판, 작은 말, 큰 말을 가져온다. 보드마커도 하나씩 챙긴다.

❷ 정답판 1을 테이블에 숫자가 보이게 둔다.

❸ 한 명이 문제 카드를 고르고 읽는다. 이때, 뒷장에는 답이 적혀 있으니 보지 않는다.

❹ 각자 문제의 답을 수로 적는다. 이때, 답은 1보다 크게 적어야 한다. 분수나 소수로 적어도 괜찮다. 다 적었다면 수가 보이지 않게 뒤집는다.

❺ "하나, 둘, 셋!" 하면 동시에 정답판을 공개한다. 가장 작은 수부터 순서대로 놓는다. 같은 수가 있다면 위아래로 붙여 놓는다.

❻ 게임 말을 정답이라고 생각하는 곳에 놓는다. 내 것에 놓아도 되고, 다른 사람 판에 놓아도 된다. 또 말은 같은 곳에 두어도 되고 다른 곳에 나누어 놓아도 된다.

❼ 정답을 공개한다. 정답 칸에 있는 모든 사람이 점수를 얻는다. 큰 말은 2점이고 작은 말은 1점이다.

❽ 정답이 없을 때는 실제 정답을 넘지 않는 수 중에서 가장 차이가 적은 수가 답이 된다.

⑨ 정답을 적어 낸 사람도 1점을 얻는다.

⑩ 15점 이상을 먼저 얻은 사람이 승리한다.

※ 두 명이 또는 모둠이 한 팀이 되어 진행해 보자. 함께 선택을 결정하는 대화 속에서 자연스레 협력을 경험할 수 있다.

주제가 지금 내 옆에 있는 친구에 대한 것이라면, 협력뿐만 아니라 타인에 대한 이해로 게임이 확장될 수 있다. 협력은 모든 정보가 비슷할 때 더 활발하게 일어난다. 해 볼 만하다는 생각이 들면 자신감이 생긴다. 그렇게 협력의 문턱을 넘으면 다른 과제를 할 때도 그 느낌을 기억해 함께하려는 마음이 높아질 수 있다.

PART 4

교실
'게이미피케이션'

심리적 거리감 좁히기
〈아이 마음을 여는 보드게임〉

아이들과 가까워지고 싶을 땐 함께 보드게임을!

학교에서 아이들을 사람 대 사람으로 만나는 시간이 과연 얼마나 될까? 초등학교 고학년을 기준으로 보았을 때 1교시부터 6교시까지 수업이 이루어지고, 그사이 쉬는 시간이 4번, 점심시간이 1번 있다. 약 90분 정도의 시간이 있다고 볼 수 있는데, 한 교실에 20명이 있다고 가정하면 한 사람당 고작 4분이 조금 넘는 시간이 생기는 셈이다. 그것도 교사와 학생이 화장실을 다녀오는 시간 등 개인적인 일로 자리를 비울 때를 제외하고 말이다. 대부분의 소통은 교육과정 내에서 이루어진다. 게다가 주로 내용을 확인하고 평가하는 말을 하므로 아이들과 래포를 형성할 수 있는 시간이 절대적으로 부족한 것이 사실이다.

때로 아이들과 속 이야기를 해야 할 때가 있다. 어떤 아이는 학교에 적응하는 게 어려워 친구들과 어울리지 못하고 겉돌 수 있다. 학습에 스트레스를 갖고 있는 아이에게 코칭해 주고 싶을 수도 있다. 그런데 아이를 상대로 갑작스레 본론부터 들어가면 아이들이 마음을 열지 못하고 주춤하는 경우가 있다. 이렇듯 교사와 늘 하던 대화는 교육과정 내의 대화일 때가 많은데, 그 맥락에서 벗어나 자신의 영역에 관련된 대화를 시도하는 건 아이 입장에서도 무척이나 어색하고 낯선 일일지 모른다. 이럴 때 '보드게임'이 도움이 될 수 있다. 보드게임으로 관계를 쌓아 두면 아이들과 래포를 쌓기 쉽다.

어떤 행동을 하다가 다른 행동으로 전환하는 능력을 인지기능 중 '전환기능'이라고 한다. 이러한 전환기능은 어떤 맥락에 깊이 빠져 있을 경우 전환이 잘 되지 않는다. 하지만 보드게임은 순식간에 게임 안으로 전환할 수 있다.

선생님과 함께하는 보드게임

"선생님이랑 보드게임 할 사람!"

가끔 쉬는 시간에 이렇게 뜬금포를 날린다. 아이들은 자동 반사처럼 "저요!", "저두요!"를 외친다. 그렇게 아이들이 모이면 간단한 게임 규칙을 안내하고 함께 게임을 한다. 게임을 설명한 뒤 컴포넌트*를 나눠 주면 아이들은 그 순간 게임 플레이어가 되어 빠져든다. 추리 게임이면 탐정이 되고, 기억력 게임이면 열정적인 학습자가 된다. 아이들은 보드게임 안에서 얘기하고 나만의 전략을 말한다. 그 과정에서 자연스럽게 말이 트인다. 답답했던 마음이 스르르 녹는 게 보인다. 교사인 나도 마찬가지다.

"자, 쉬는 시간 이제 2분 남았다."

"아… 벌써요?"

"더 하고 싶다."

"자 이제 끝, 같이 정리하자!"

그렇게 한동안 시간을 보내면 편안한 마음으로 수업할 준비가 된다. 고작 10분 남짓한 시간이지만, 이전 수업 내용이 어려워 가

---

*컴포넌트 : 게임판과 함께 보드게임을 할 때 사용하는 카드나 플라스틱 모형 같은 게임구성물.

라앉았던 학급 분위기가 다시 살짝 올라와 있다. 어떤 아이들은 다음 쉬는 시간에 교사에게 보드게임을 들고 찾아오기도 한다.

"선생님 보드게임 같이 해요!"
"응? 진짜? 어쩌지, 선생님 지금 할 게 있는데. 오늘은 어렵고 내일 하면 어떨까?"
"에이, 선생님이랑 해야 재미있는데!"

정말 선생님이랑 해야 재미있다고 조르는 아이들이 있으면, 시간이 걸리더라도 한 번 더 한다. 이때, 절대 봐주지 않는다. 그 후 아이들의 도전을 받는다. 한 번 그렇게 하면 아이들은 쉬는 시간에 자기들끼리 의논하며 선생님을 이기려고 전략 회의를 하기도 한다. 교사도 가끔 쉬는 시간에 아이들과 보드게임 전략 이야기를 하기도 하고 말이다. 이런 분위기는 수업 시간으로 자연스럽게 연결된다.

생각해 보면 수업 시간에 학생 자신이 주체가 되어 이야기하는 시간은 별로 없다. 질문의 대부분은 텍스트, 혹은 교사의 몫인 경우가 많다. 학습지를 할 때도 마찬가지다. 하지만 게임을 할 때만큼은 아니다. 질문의 주체도 아이이고, 대답하는 주체도 아이 자신이다. 이 때문에 게임에서 말하는 아이들을 보면 생동감이 있다. 사람은 스스로 해낼 수 있는 일을 직접 해 나갈 때 비로소 자율성과 자발성을 가지게 된다. 재미는 누가 만들어 주는 요소가 아닌, 스스로 찾을 때 생기는 것이다. 이렇게 즐거운 마음을 가득 품은 채 수업 시간으로 넘어오면 소통이 훨씬 원활하게 이루어진다. 방금 했던 보드게임의 리듬이 수업에서도 그대로 이어진다. 게다가 함께했던 보드게임이 수업에서 사용되기라도 하면, 마치 완전히 다른 아이들이 자리에 앉아 있는 것처럼 더욱더 적극적으로 변한다. 그렇게 아이들의 얼굴에 생기가 돈다.

아이 마음을 여는 보드게임

보드게임의 플레이어가 되는 순간 우리는 나이, 직업, 역할, 성별 등 그 사람이 가진 모든 역할로부터 내려오게 된다. 그리고 게임 속 플레이어가 되면서 자연스레 나 자신을 비추게 된다. 지역이나 학교로부터 사제동행 등 아이들과 친해지는 시간을 마련하는 것이 '업무'로 내려올 때가 있다. 대개 체험 학습을 생각하는데, 이럴 때 보드게임을 하는 것을 추천한다. 아이들과 특별한 장소도 좋지만, 보드게임은 장소와 상관없이 할 수 있다. 선생님과 게임이라니! 게임을 하는 동안 아이는 있는 그대로 자신을 보여준다. 만약 교사가 아이의 이야기를 공감하고 수용해 준다면, 그 순간은 아이 마음에 오래 기억될 것이다.

내가 살던 지역에는 반 아이들 서너 명과 체험 학습을 가는 '행복멘토링'이란 프로그램이 있었다. 체험 학습 장소에 한 번 다녀온 뒤, 패스트푸드 가게에 들러 함께 〈행복챙김〉이라는 보드게임을 했다. 시작은 보드게임이었지만, 아이들 각자가 생각하는 행복이 무엇인지에 대해 깊이 이야기할 수 있었던 소중한 시간이었다. 갔다 와서 체험 학습보다 같이 보드게임 했던 이야기를 훨씬 더 많이 했다.

아이들은 게임을 정말 좋아한다. 교사, 부모가 함께 플레이어가 되어 게임 속 역할에 들어가는 순간, 아이의 마음이 생각했던 것보다 더 활짝 열릴지도 모른다. 보드게임과 함께라면 아이 마음 열기는 생각보다 쉬울지도 모른다.

더 나아가 교실 게이미피케이션으로!

지금까지 아이들 마음을 여는 보드게임의 효용에 대해 여러 번 강조했다. 그리고 이제는 게임 시스템의 일부를 학급에 활용하는 '교실 게이미피케이션'의 다양한 활동 예시를 보여 주려 한다. 아이들의 행복지수를 높일 교실 게이미피케이션, 시작이다.

나와 너를 일으키는 격려 에너지
〈당신을 응원합니다〉

아이들도 힘들다

어제 혼난 아이들이 해맑게 웃으며 다음날 나를 반겼다. 나는 여전히 감정이 남아 있었고, 어색하게 대답을 얼버무렸다.

'왜 아이들은 이렇게 착한가?'

아이들이 오늘 있었던 일은 내일이 되면 잊어 버리는 줄로만 알았다. 아무리 슬퍼도 아이들의 눈물은 다음 날이 되면 거짓말처럼 리셋 된다고 생각하기도 했었다. 그런데 그게 아니었다. 아이들도 상처를 입고, 그것이 마음에 남는다. 단지 어른보다 타인을 덜 미워해서 그렇게 보일 뿐이었다. 그래서 아이들도 힘들다. 공부가 나와 안 맞아 힘들 때도 있다. 선생님이 차별하는 것 같아 힘들기도 하다. 게다가 열심히 하려고 하는데, 엄마가 뭐라고 해서도 힘들다. 같은 반 친구가 괴롭혀서 힘들지도 모른다. 그런데도 아이들은 평소처럼 학교에 오고, 또 평소와 같은 생활을 한다. 아니, 괜찮은 것처럼 보인다.

부정적인 상태에서 벗어나는 법을 아직 모르는 아이들은 그것을 견디고, 시간을 흘려보내려고 참는다. 하지만 마음속에서 올라오는 부정적인 감정은 에너지다. 그대로 두면 반드시 약하고, 만만하고, 예상치 못한 곳에서 "뻥!" 하고 터지게 된다. 그렇게 아이가 있는 곳이 하나씩 불편해진다. 학교가 불편하고 집이 불편해진다. 교실에서 이런 아이들의 마음을 있는 그대로 들어 주고 치유하면 참 좋겠지만서도, 수업 시간에는 교육과정을 운영하기 바쁘고, 쉬는 시간은 보충하기 바쁘다. 하지만 아이들의 마음을 다독이고 펴 주는 시간은 분명 중요하다.

주말 이야기, '당신을 응원합니다'!

"동생이랑 게임을 하다가 동생이 죽었어요. 제가 못 도와주러 갔어요. 그런데 동생이 울었어요. 그래서 저만 혼났어요."

"어떤 기분이 들었어요?"

"아빠가 동생을 때렸다고 생각하시고 절 혼냈어요. 짜증나고 화가 났어요."

'주말 이야기' 시간이었다. 한 아이가 주말 동안 일어났던 일 중에 속상한 일을 말했다. 이 시간만큼은 주말에 겪은 내 삶을 이야기하는 시간으로, 텍스트나 자료 안에서 말하는 것에서 벗어나는 시간이다. 아이들은 이 시간에 자신에게 일어난 진짜 이야기를 한다.

일주일 모든 시간 중 아이가 진짜 '나'를 온전히 드러내는 시간은 얼마나 될까? 교육과정 진도와 여러 행사들을 떠올려 보아도, 아이들에게 있어 '나'에 대한 이야기를 하는 것보다는 새로운 것을 머릿속에 입력하고 그것을 잘 입력했는지 검토받는 시간이 훨씬 더 길다. 학교라는 공간은 애초 그것을 목적으로 만들어졌을지도 모르고 말이다.

사실은 아이들도 온전히 자신을 드러내고 싶어 한다. 하지만 집에도, 학교에도, 또 친구랑 있어도 자신을 드러낼 수 있는 시간과 공간이 영 마땅하지 않다. 마음의 문은 따뜻한 온기를 타고 빗장이 풀리는 법이다.

스트레스 상태에 놓이면 아드레날린(adrenaline) 같은 신경전달물질이 전달되고, 부신피질이 자극돼 코르티솔(Cortisol) 호르몬이 분비된다. 그 결과 심장 박동이 빨라지며 몸이 평소와 다르게 다소 어색하고 삐걱대는 느낌이 든다. 고마움과 감사함은 우리를 이런 상태에서 꺼내 준다. 감사함을 느끼면 뇌에서는 '행복호르몬'이라 불리는 도파민(Dopamine), 세로토닌(Serotonin), 엔돌핀(Endorphin) 등이 분비된다. 행복호르몬은 심장 박동을 안정적으로 만들고, 기쁨에 충만하게 한다. 비유하자면 마치 온몸에 감동의 이불을 덮어 주고 '괜찮아', '그럴 수 있어', '하지만 나는 너를 믿어'라고 말하며 보듬어 주는 것과 같다. 그리고 <당신을 응원합니다>는 이러한 호르몬을 끌어내 주는 듯 하다.

"자 여러분, 이야기 들었죠? 이야기를 듣고 친구에게 해 줄 수 있는 응원의 말을 보드 판에 적어 줍니다. 잠시 생각할 시간을 갖고 '하나, 둘, 셋!' 하면 보여 주세요!"

아이들은 앞서 말한 친구의 이야기를 듣고, 각자 응원의 말을 적는다. 돌아다니며 쓴 문장을 보는데 괜히 마음이 뭉클해진다.

생각해 보면 선생님의 삶을 살아가며 아이들에게 응원을 참 많이 받는다. 선생님 생일이라고 축하해 주기도 하고, 스승의 날이라며 힘찬 응원을 받기도 하니 말이다. 아이들은 내게 응원을 해 주지만, 나는 아이들에게 마음을 열고 크게 응원한 일이 과연 몇 번이나 있는가? 나도 곧 응원의 문구를 보드 판에 적고는 준비한다.

"OO이를 바라보고 '하나, 둘, 셋!' 하면 보드 판을 펼쳐 주세요. 준비됐나요? 하나, 둘, 셋! OOO은 친구들이 적어 준 문구를 쭉 보세요. 앞에도 있고 위에도 있어요. 모든 멘트가 마음에 들겠지만, 이 중에 가장 마음에 드는 것 한 가지만 골라 주세요."
"어떤 문구가 가장 마음에 드나요?"
"모두 다요!"
"우와, 친구들에게 한 마디 해 주세요!"
"얘들아 고마워!"
"나도 그랬어, 힘내!"

마음이 활짝 펴지는 느낌이 든다. 나를 응원해 주는 사람들이 있다는 것만으로도 없던 힘이 생기는 기분이다. 아이들도 그렇다.

〈당신을 응원합니다〉는 주로 월요일 첫 시간에 하는 '주말 이 야기'의 한 코너로 진행한다. 주말 동안에 있었던 일 중에 여전히 기분이 나빠 지금도 영향을 주고 있는 일을 말하면, 반 친구들이 접는 보드 판에 응원의 메시지를 적고 '하나, 둘, 셋!' 하며 동시에 문구를 펼쳐서 보여 준다.

아이들은 아직 뇌 발달이 다 이루어지지 않아 대체로 감정 조 절이 어렵다. 그래서 부정적인 상태에 놓이면 시간을 흘려보내는 방식으로 해결하려는 경우가 많다. 하지만 이런 반복된 경험은 그 상황을 더 어렵게 만든다. 때문에 문제 상황에 놓여 있을 때, 마음을 풀어 줄 수 있는 시스템이 중요하다. 물론 나 역시 속상한 일이 있으면 이 시간을 통해 풀 수 있으니 좋고 말이다.

❶ 아이들에게 주말 동안 있었던 일 중 속상한 일은 풀어 버리 는 것이 오늘을 행복하게 시작하는 것이라고 알려 준다. 그 리고 〈당신을 응원합니다〉를 통해 편안한 상태가 되는 데 도움이 될 수 있다고 안내한다.

❷ 속상한 일이 있던 아이의 사연을 들어 본다.

❸ 아이에게 어떤 감정을 느꼈는지 묻는다. '매우 불편함은 0,

아주 편안함은 10, 중간은 5'라면, 지금 느끼는 감정이 숫자로 어느 정도인지 말하게 한다.

④ 아이에게 다시 돌아간다면 어떻게 해결되었으면 좋겠는지, 또 어떤 감정을 느끼고 싶은지에 대해 듣는다.

⑤ 다른 아이들은 <마음생각보드>나 화이트보드 등에 아이에게 해 줄 수 있는 응원의 말을 한 문장 정도로 적는다.

⑥ 응원의 말을 적은 뒤, <마음생각보드>를 접는다.

⑦ 모두가 적었으면 아이를 향하게 몸을 돌리게 한다.

⑧ 신호와 함께 <마음생각보드>를 활짝 펼치자고 약속하고, "하나, 둘, 셋!" 신호와 함께 보드판을 펼친다.

⑨ 사연을 말해 준 아이는 다른 아이들이 적어 준 응원의 말을 읽어 본다. 그리고 어떤 기분이 드는지 말한다.

⑩ 가장 마음에 드는 문장을 고르고, 그 이유를 말한다.

⑪ 응원의 말을 적어 준 사람도 이유를 말한다.

⑫ 마무리 멘트를 하고, 활동을 마친다. "때로는 자신을 불편하게 하는 일이 일어날 수 있어. 선생님도 그렇고 여기 앉아 있는 모든 친구들이 그래. 하지만 그런 일을 겪더라도 네가 귀하고 소중하다는 사실은 변하지 않아. 지금 네가 응원의 말을 듣고 마음이 평소처럼 편안해진 것처럼. 너는 평온하고 기쁨을 느낄 수 있는 그런 아이야."

존 가트맨 박사는 건전하고 탄탄한 관계를 이루기 위한 7가지 기본 원칙 중에 '긍정적 감정의 밀물 현상'을 이야기한다. 이 현상은 평소에 긍정적인 감정이 쌓여 있으면 부정적인 상황을 겪어도 좋은 쪽으로 바라보려는 마음이 든다는 의미다. 〈당신을 응원합니다〉는 이와 비슷한 효과를 느끼게 한다. 긍정적인 말이 아이에게 한꺼번에 쏟아지면, 그 아이가 가지고 있던 부정적인 감정이 한순간에 씻겨져 내려간다. 그 순간 웅크렸던 마음이 활짝 펴지는 것을 느낄 수 있다. 그리고 아이의 마음에 위로와 응원의 에너지가 남겨진다. 일주일에 한 번, 하루에 한 번씩 이런 긍정적인 말을 들은 아이들은 자신이 겪고 있는 문제가 자신만이 가지고 있는 것이 아니라는 것을 알게 된다. '나만 그런 게 아니야'라는 보편성은 넘어진 아이를 다시 일으켜 준다.

해당 활동 영상을 QR코드를 통해 확인하실 수 있습니다.

함께 만들어 가는 문화
〈학급 회의〉

문화를 만드는 학급 회의

"저는 학급 반티를 맞췄으면 좋겠습니다. 반티를 맞추면 우리 반의 단합된 모습을 느낄 수 있고, 학급 예산도 충분해 가능하기 때문입니다. 작년에도 맞췄었는데, 반 친구들이 좋아했었습니다."

반 아이들이 웅성대기 시작한다. 학급 회의 건의 사항 시간에 벌써 세 번째 나오는 의견이다. 두 번이나 회수되었지만, 반티를 맞추는 것은 언제나 아이들의 마음을 설레게 하나 보다.

"반티를 맞췄으면 하는 의견에 동의하는 사람은 손을 들어 주세요! 하나, 둘, 셋… 열다섯! 열다섯 명이 되었으니 통과되었습니다."

세 번 만에 반티를 맞추자는 의견이 통과되자 환호성이 터져나왔다. 이는 매주 금요일 마지막 시간에 하는 학급 회의 시간에 종종 보이는 장면이다. 아이들이 의견을 내면, 다수결의 원칙에 의해 반 전체 인원의 3분의 2 이상이 참가한 뒤 그 인원 중 3분의 2 이상이 찬성하면 해당 의견이 통과된다. 하지만 통과되었다고해서 모든 의견이 채택되는 것은 아니고, 하나의 장치가 더 있다. 학급심의기구에서 통과가 되어야 비로소 안건을 진행하게 되는것이다. 학급심의기구는 담임 교사와 3명의 학급 임원으로 이루어진다.

학급 회의가 끝나고 학급 임원들과 남아 오늘 통과된 안건들을 살펴봤다. 반티를 맞추자는 의견에 대해 임원들은 저마다의 의견을 냈다.

"저는 2번이나 냈지만 통과되지 않았고, 심의기구에서도 단합된 모습도 있지만 반티를 입는 걸 싫어하는 사람들도 있다는 회수 의견을 냈는데도 같은 이유를 들었어요. 저는 반티를 맞추자는 의견에 설득력 있는 이유가 필요하다고 생각해요."

"저도 동의해요. 사실 지금이 10월인데 지금 반티를 맞추면 얼마 입지도 못해요. 또 반티를 만들게 되면 학급 예산을 반티에 모두 사용하게 되니까 다른 행사를 할 때 비용이 들게 돼요."

"저는 반티 만드는 거 좋아요. 학년이 올라가서 반이 바뀐다고 해도 우리 반을 여전히 기억할 수 있잖아요. 우리 반이 좋았던 만큼 반티가 추억이 될 것 같아요."

의견에 서로 질문을 하며 충분히 이야기를 나눈다. 마지막으로 깜깜이 투표를 한다. 토큰을 가지고 제시된 안건을 학급 운영 실천 사항으로 통과할지 회수할지를 정한다.

"자신의 의견을 정하고 주머니에 넣어 주세요. 찬성 토큰이 많으면 이 안건은 통과되고 실행하게 되며, 반대 토큰이 많으면 회수하게 됩니다. 하나, 둘, 셋!"

토큰의 수를 세 보니 반대가 많다. 아쉬워하는 아이도 있지만 결정된 것에 대해 되돌릴 수는 없다. 최종적으로 반 아이들에게 회수를 최종 안내할 때 심의기구의 의견을 작성해 월요일 아침 시간에 발표한다. 그래서 월요일 아침이 되면 반 아이들은 안건이 어떻게 됐을지 무척 궁금해한다.

금요일의 환호성이 부푼 기대를 하게 했더라도 월요일까지 물리적 거리가 있다 보니 심리적으로도 금요일보다 좀 차분해지는 경향이 있다. 이렇게 시간을 두는 것이 아직은 어린 아이들에게 자신의 의견을 좀 더 객관적인 시선으로 보게 한다. 게다가 여러 단계를 거쳐 결정된다는 점을 알기 때문에 최종 안내할 때도 대부분 수용하게 된다. 이 과정에서 교사는 다른 아이들과 동일하게 딱 한 표만 낸다. 무엇보다 이 과정을 통해 학생들이 학급을 운영하고 있다는 느낌을 체감할 수 있게 된다.

'게이미피케이션'으로 학급 회의를 문화로!

기존의 학급 회의 방식은 문화로 만들어지는 데에 한계점이 있었다. 아이들이 건의 사항 시간이 아니면 학급 회의 안건에 관심을 가져 볼 만한 시간이 없다는 것이었다. 일주일 동안 학급 운영을 생각하지 않다가 회의 시간만 반짝 생각하고, 또 회의가 끝나면 학급의 삶에 잘 녹아들지 않는다. 게다가 아이들끼리 자연스럽게 토의가 이루어지지도 않거니와 모두가 충분히 생각해 볼 시간도 부족하다. 의견을 낸 학생이 아닌 다른 학생들도 충분히 생각할 수 있는 시간을 줄 수 있다면, 학급 회의를 문화로 만들 수 있을 것이 분명했다.

그런 의미로 프로그램을 활용하는 방안을 추천해 본다. 슬라이도(Slido)나 패들렛(Padlet)의 추천 기능을 이용해 쉬는 시간마다 교실 화면에 띄우면 학급 회의 때 어떤 안건이 나왔는지 볼 수 있고, 마음에 드는 의견을 추천할 수도 있다. 슬라이도의 경우, 아이들의 추천을 가장 많이 받은 의견이 맨 위로 올라오게 되어 있다. 또 의견 제시나 추천을 스마트폰이나 노트북으로도 할 수 있어 학교가 아닌 집에서도 언제든지 의견을 올릴 수 있으므로 효율적이다. 이와 더불어 기간을 정해 둘 수도 있다는 장점도 있다. 의견을 내고 추천할 수 있는 기한을 정해 놓으면, 시간이 지나면 자동으로 의견이 마감된다. 해당 기간 내에 건의 사항을 다양하게 낼 수 있으며, 학급 회의 시간에는 일정 득표를 얻은 안건에 대해 토의·토론을 시간을 확보할 수 있다. 참고로 슬라이도는 일주일 단위로 사용할 수 있으며 누구든 이메일만 있으면 쉽게 가입할 수 있다.

학급 회의에서 논의를 시작할 때는 안건에 자신의 입장을 선택한다. 채택된 안건에 공감하고 반대하는 정도가 어느 정도인지 적극 공감, 공감, 수정 공감, 반대, 적극 반대 중에 자신의 입장이 어딘지 밝히고, 이유를 함께 적는다. 다 적으면 이에 대해 토론한다. 정해진 시간까지 토론이 이루어지고 나면 최종 선택하는 시간을 갖고, 통과된 안건을 학급심의기구로 보낸다.

패들렛의 경우는 슬라이도보다 접근성이 좋고, 또 직관적이라는 장점이 있다. 추천을 눌렀을 때 상위 노출이 자동으로 되지는 않지만, 대신에 제출된 모든 안건을 볼 수 있다. 그 외 패들렛의 추천 기능을 이용해서 투표를 조절하고, 투표 마감 기한을 안내하고 이후에는 투표 변경이 되지 않게 조절할 수도 있어 유용하게 활용할 수 있다.

내가 제시된 의견이 화면에 노출되는 것에는 묘한 재미가 있다. 추천 수에 따라 의견의 채택 여부가 결정되면 약간의 긴장감도 든다. 이런 시스템이 아이들을 상황에 집중하게 만든다. 게다가 쉬는 시간, 아이들의 이야기 거리도 생긴다. 늘 모이는 학생들만 있는 게 아니라, 평소에 말을 걸지 않았던 아이들에게도 말을 걸 동기가 생기는 것이다. 그렇게 대화가 일어나면 학급 회의는 점차 하나의 문화로 자리 잡게 된다.

학급 회의 진행 방법

❶ 슬라이도나 패들렛을 통해 학급 회의 안건을 받을 수 있도록 하고, 쉬는 시간마다 이를 화면에 띄워 준다. 또는 게시판에 안건을 낼 수 있도록 한다. (QR코드로 어디서든 접근할 수 있도록 교실에 게시한다.)

❷ 아이들은 안건을 올리고, 원하는 안건에 추천을 누른다. 게시판인 경우 자신의 이름을 서명하게 한다.

❸ 학급 회의 시간에 아이들이 제안한 안건 중, 1/3 이상의 추천을 받은 안건을 회의 주제로 올린다.

❹ 안건 발의자는 올린 안건에 대해 의견과 이유를 설명한다.

다른 아이들은 패들렛 또는 칠판을 이용해 자신의 입장이 적극 공감, 공감, 수정 공감, 반대, 적극 반대 중 어느 쪽에 해당하는지 이름과 이유를 함께 올린다.

❺ 서로 회의 주제에 대한 입장을 듣고, 질문하는 시간을 갖는다.

❻ 최종 투표를 한다. 처음 입장에서 어떻게 바뀌었는지 경향성을 파악한다.

❼ 최종 투표에서 수정 공감 이상의 표가 2/3 이상이 되면 학급심의기구로 넘어간다.

❽ 학급 회의가 끝나면 교사와 학급 임원들이 통과된 안건을 심의·의결한다. 자신의 생각을 말하고 충분히 토의한다.

❾ 투표 토큰을 이용해 의견을 모은다. 4명 중 3표 이상을 얻으면 통과되고, 3표가 안 되면 회수된다. 회수되었을 경우에는 회수된 이유도 반드시 기록한다. 수정 공감 의견 중에 반영할 것이 있다면 반영할 수 있다.

❿ 학급심의기구에서 결정된 내용은 문서로 작성하여 월요일에 학급 전체에 안내한다.

⓫ 최종 통과된 의견은 학급 운영 실천 사항으로 정해 반드시 추진한다. 이때, 학급 임원은 담임 교사와 함께 필요한 스태프를 모집할 수 있다.

⓬ 실천 사항이 실행에 옮겨지면 학생들에게 후기나 설문을 받아 다음 학급 회의 안건에 반영한다.

※ 경우에 따라 학급 회의 시간에 즉석 안건을 내기도 한다.

※ 결석 혹은 특별한 사유로 인해 학급 회의에 참여하지 못한 아이가 있을 경우, 현재의 참석
　인원으로 통과인원을 계산한다.
※ 안건이 건의사항으로 올라가는 것은 대한민국 국회의 법률안 발의 기준을 참고했다(국회
　법 제33조 1항). 단, 학생수에 따라 법률안 발의 기준인 10인에서 3분의 1로 조정했다.

　아이들은 스스로 무엇인가를 해낼 수 있다고 느낄 때 자신감이
생긴다. 학급 회의는 아이들로 하여금 '우리가 학급을 만들어 가
고 있다'는 느낌을 받게 한다. 교사의 것만이 아닌, 아이들의 빛
깔로 학급 시간이 채워지는 것이다. 비록 그것이 엉성하고 의미
없어 보일지라도 그 자체로 의미가 있다. 아이들은 실패를 통해
이전보다 더 나은 방향으로 나가는 힘을 얻게 된다. 그렇게 학급
의 주인이 되어 간다.

　아이들은 자신의 욕구가 존중된다고 느낄 때 학급에 소속감과
주도성이 생긴다. 쉬는 시간, 아이들이 학급 회의 안건에 대해 조
잘조잘 이야기하는 것을 듣는 순간이 참 행복하다.

발표 시간, 틀려도 괜찮아
<경험 복사하기>

발표 시간에는 말이 줄어드는 아이들

교사가 아이들에게 하는 잔소리 중 대부분은 아이들의 '말' 때문에 일어난다. 아이들은 학교에서 쉴 새 없이 말한다. 쉬는 시간에도 말하고, 움직이면서도 말하고, 운동을 하면서도 말한다. 밥을 먹거나 줄을 서면서도 말하며, 심지어는 화장실에서도 말한다. 어찌나 말들이 많은지 아이들이 뽑은 선생님이 가장 많이 하는 말 중에 하나가 "조용히 좀 해 줄래?"였던 해도 있었다. 하지만 이는 너무도 자연스러운 현상이다. 그런데 문제는, 말하는 시간을 발표 시간으로 제한하면 말의 총량이 급격하게 줄어든다는 것이다. 아마 학교에서 아이들이 말하는 양을 시간에 따른 그래프로 만든다면, 발표 시간에 해당하는 구간에서만 그래프가 푹 꺼져 있을 것이다.

아이들은 왜 발표만 하면 말이 줄어들까? 사실 말하는 행위 자체가 줄어든다기보다는 '발표'라는 형식이 말하기를 막는다는 표현이 더 적절하다고 볼 수 있다. 초등학생뿐만 아니라 성인들도 발표를 싫어하는 건 마찬가지이니 말이다. 연구에 따르면, 우리나라 사람의 50% 이상이 사람들 앞에서 발표하는 것에 불안을 느낀다고 했다. 하물며 다른 사람 앞에서 말하기 경험이 적은 초등학생이 발표를 어려워하는 것은 어찌 보면 당연한 것일 수 있다.

부담스러운 발표 때문에 때로는 실제 발표 시간에 여러 난감한 상황이 일어나기도 한다. 한 번은 수업 시간에 공부한 내용을 평소 말수가 적은 아이에게 물었다. 내 딴에는 아이 자신감을 키워 주려고 쉬운 단답형의 질문을 한 건데, 아이는 자리에서 얼음이 되어 버렸다. 힌트를 주고 친구들이 도움도 주었지만, 이미 얼어 버린 마음은 열리지 않았다. 게다가 어떨 때는 대답이 짧아 곤혹스러웠던 적도 있었다. 글에 대한 소감을 물었는데 "재미있었어요." 하고는 끝이 났다. 좀 더 듣고 싶어 "어떤 부분이 재미있는지 말해 줘. 선생님이 궁금해!"라고 했지만, 그 아이 역시 얼음이 되고 말았던 것이다. 하지만 앞서 말한 친구들이 평소 친한 친구들이랑 재잘대는 걸 들으면, 일말의 배신감이 들기도 했다.

아이들이 발표를 어려워하는 이유는 무엇일까? 초등학교 아이들은 발표와 같은 공식적인 말하기를 할 때, 과거에 경험했던 부정적 감정과 신념이 현재 하는 발표에 큰 영향을 미치곤 한다. 발표하다가 실수할까 봐, 지나치게 경직되어 보일까 봐, 혹은 내가 발표할 때 친구들이 웃거나 놀릴까 봐 걱정하는 것이 이런 사례에 해당한다고 볼 수 있다. 이렇듯 과거 발표에 실패했던 경험은 지금 내가 해야 하는 발표에 무의식적 영향을 주어 심장이 두근대고 얼굴이 빨개지는 등의 신체적 변화를 일으키고, 두려움이나 걱정 같은 부정적인 감정을 끌어내기 시작한다.

하지만 초등학교 시기는 무엇인가에 도전하고 성취하며 만족감을 느끼는 시기다. 발표에 대한 부정적인 인식이 학습되게 되면 이후에 있을 발표에도 좋지 못한 영향을 주기에 발표에 대해 긍정적인 감정을 느낄 수 있도록 디자인해 주어야 한다. 그래야 공식적으로 말하는 시간을 가질 때 자신을 적극적으로 드러낼 수 있다.

위에서 언급했던 경우 모두 공통적으로 2가지의 중요한 특징을 가졌다. 첫 번째, 많은 사람 앞에서 말하는데 부정적인 경험이 있다. 두 번째, 내용이 틀릴까 봐 말하지 못한다는 점이다. 두 상황에 대한 불안감을 줄이는 것이 아이들의 발표에 대한 인식을 긍정적인 방향으로 바꾸는 데 있어 가장 우선적으로 해야 할 일이다.

틀려도 되는 '경험 복사하기'

이토 요이치는 그의 저서 《1분 전달력》에서 '사람들은 다른 사람이 하는 말의 80%는 듣지 않는다'고 했다. 하물며 집중력이 낮은 초등학생들은 더욱 잘 듣지 못한다. 게다가 이는 수업 시간에 말하기를 어려워하는 아이들에게만 해당하는 것이 아니다. 물론, 아이들에게 이런 이야기를 하면 아이들은 고개를 갸우뚱한다. '나는 다른 사람 말 잘 듣는데?'라고 생각하기도 하고 말이다. 이때, 아이들의 이런 생각들을 깨기 위해 필요한 보드게임이 있다. 바로 <경험 복사하기>다. 아이들은 다른 사람의 이야기를 마치 내 이야기인 것처럼 말하며 경험을 복사한다. 그리고 이를 통해 '그냥 듣기만 하면 내용을 이해하기 어려우니 어떤 방법이 보충되어야 하는 구나.'에 대해 자연스럽게 깨닫는다. 또한, 나만 기억하지 못하는 게 아니구나 하는 점도 느낄 수 있다.

경험 복사하기 활동 방법

❶ 아이들에게 나의 보이지 않는 특징 2가지를 생각해 보게 한다. (경험과 관련된 주제를 골라도 좋다. 예로, 방학에 있었던 일이나 주말에 있었던 일 등을 들 수 있다.)

❷ 종이에 특징과 관련된 키워드를 1~2개 정도 적거나 어울리는 물건을 준비한다.

❸ 모두가 생각했다면 게임을 하기 전에 서로 약속한다.

"지금부터 '경험 복사하기'를 할 거예요. 이제부터 2명씩 만나 키워드를 보여 주며 자신의 특징에 대해 이야기할 거예요. 번갈아 가며 특징을 말하고 나면 서로 헤어질 거예요. 헤어질 때는 키워드가 적힌 종이나 물건을 서로 바꾸세요. 그런데 이때부터는 방금 전에 만났던 사람이 되었다고 생각하고, 마치 그 사람인 것처럼 특징을 설명할 거예요. 내 특징이 아니라 다른 사람의 특징을 설명하기 때문에 내용이 달라지거나, 빠지거나, 혹은 엉뚱해질 수 있어요. 이렇게 된다고 해도 모두 일어날 수 있는 일이라고 생각해 주세요. 그럴 수 있죠?"

❹ 서 있는 곳에서 몇 발자국씩 이동해 1명씩 친구들을 만난다. 가위바위보를 하고 이긴 사람이 기분 좋게 먼저 특징을 말한다. 그리고 번갈아 가며 진행한다.

❺ 서로 하이파이브를 하고 헤어진다. 헤어지면 방금 만났던

사람이 되어 다른 사람을 만난다.

⑥ **❸~❺**를 정해진 시간까지 반복한다.

❼ 시간이 되면 지금 만나는 사람을 마지막으로 만나고, 자리로 돌아온다.

❽ 가장 마지막에 앉은 사람부터 키워드를 보여 주며 자기소개한다. 이때, "저는요~"를 넣어 가장 마지막에 만난 사람의 특징을 설명한다.

❾ 설명이 끝나면 인터뷰 질문을 한다. 마치 자신의 특징인 것처럼 대답해 준다.

❿ 질문이 끝나면 "하나, 둘, 셋!" 하고 주인공인 것 같은 사람을 지목한다. 맞힌 사람은 1점을 얻는다. 질문의 주인공은 자신을 제외하고 맞힌 사람이 반 이상이면 2점을 얻는다.

⓫ 실제 주인공의 진짜 이야기를 들어 본다.

⓬ 시계 방향으로 돌아가며 2명이 남을 때까지 자기소개-인터뷰-주인공 찾기를 반복한다.

⓭ 게임이 끝난 후 점수가 가장 높은 사람이 승리한다.

이야기가 전달되는 과정에서 처음에 말했던 내용에 점차 살이 붙고 바뀌어 전혀 다른 이야기가 되어 있곤 하다. 그런 중에 웃음이 생겨난다. 나만 그런 게 아니라, 친구들 대부분이 그렇다. 사실 발표를 잘하려면 내용을 이해하고, 그것을 나의 말로 바꿔야 한다. 그러려면 메모도 하고 질문도 하며 내용에 대해 얼마나 이해하고 있는지를 알아야 한다. 그래야 발표 준비를 마칠 수 있는 것이다. 그리고 이 모든 배움을 <경험 복사하기>를 통해 자연스럽게 연결 지을 수 있다. 물론, 이렇게 준비하더라도 내가 발표하는 내용이 틀릴까 봐 걱정되거나 듣는 사람들의 시선이 두려울 수 있다. <경험 복사하기>는 1:1 방식의 말하기이므로 수업 시간에 말하는 것에 대한 부담감이 적다. 게다가 '틀리는 것'을 당연하게 허용한다. 이 때문에 말하기가 훨씬 쉬워진다는 것이다. 그리고 쉬워진 만큼 말도 더 잘 나온다.

결국, 발표를 잘하기 위해서는 발표 시간을 편안하고 안전하다고 느끼는 경험이 필요하다. 경험이 쌓이면 말도 쉽게 나올 수 있다. 게이미피케이션을 적용한 <경험 복사하기>는 그야말로 발표의 장벽을 낮춰 준다. <경험 복사하기>로 발표에 대한 부담을 줄여 보자.

협력, 기여, 그리고 책임감
〈모둠 협력시스템〉

모두를 만족시키는 모둠은 없다

또래의 아이들이 학교에 와서 얻을 수 있는 큰 장점 중 하나가
바로 '모둠 활동'이다. 아이들은 모둠 활동을 하면서 다양한 역할
을 체험하고, 서로 관계를 맺으며 사회성을 기른다. 인간의 가장
최초의 모둠 활동은 가족 내에서 이루어지지만, 가족은 학급과는
다르게 대게 연령에 따라 특유의 고정된 역할을 갖게 한다. 그에

반해 학급은 역할을 수시로 돌아가며 바뀌게 되어 있어 특정 역할에 대한 만족감을 느끼고, 원하는 역할을 직접 체험해 볼 수 있다.

모둠 활동은 일단 '어떻게 구성하는가'가 굉장히 중요하다. 하지만 그만큼 모둠 활동 구성은 어렵기도 하다. 모둠을 만들고 발표하면, 아이들이 볼멘소리가 종종 들려 오기도 한다. 때로는 애초에 아이들의 불만을 차단하기 위한 방법으로 '랜덤 뽑기'를 활용하기도 한다. 즉, 운에 맡겨 모둠을 구성하는 것이다. 그 외 정기적으로 모둠을 바꾸기도 하고 말이다. 이 모든 것이 전제하고 있는 사실은 바로 '모두가 만족하는 모둠은 없다'는 것이다. 나를 좋아하는 사람이 있다면 반드시 나를 싫어하는 사람도 있듯이 모둠 구성에도 불만족하는 경우가 꼭 생기기 마련이다. 이 때문에 모둠 구성을 할 때는 '모두가 만족하는' 모둠을 구성하는 것이 아닌, 다른 데에 핵심을 두어야 한다.

협력이 이루어지는 모둠 구성하기

핵심은 '구성된 모둠에서 즐거움과 기쁨을 느끼고 협력할 수 있는가'이다. 앞서 말한 대로 모두를 만족시키는 모둠은 없다. 스무 명의 넘는 아이 중 어떤 친구는 마음에 들고, 어떤 친구는 마음이 들지 않는 경우가 있지 않은가. 이런 상황을 충분히 예상하고 들어가는 것이 좋다. 모둠 구성원끼리 조직되면 즐거움을 느낄 수 있고, 모둠 활동으로 인해 얻어지는 이득이 생겨 가고, 이득이 날마다 더해지면 아이들은 자신의 모둠을 서서히 좋아하기 시작한다.

이를 위해 학기 초 아이들에게 '모둠 구성은 선생님이 정한다'는 것을 예고한다. 사실 아이의 특성을 파악하고, 아이들끼리의 관계에 대해 가장 객관적인 눈으로 볼 수 있는 사람은 교사다. 교사는 학생들이 표현한 자료 혹은 학생 검사지를 참고하여 학생 데이터를 수집할 수 있을 뿐더러, 학부모 상담 등을 통해 보다 입체적인 자료를 얻을 수 있다. 그리고 이를 바탕으로 모둠을 구성하면, 비교적 협력할 가능성이 높은 모둠을 구성할 수 있다.

학생들 모둠 구성하기

학생들의 객관적인 정보를 수집하기 위해 학기 초에 3가지 검사를 한다. LCSI 학습검사와 에니어그램 기질검사, 그리고 진단검사를 통해 아이들의 객관적 정보를 수집한다. 여기에 교사의 관찰과 아이의 주관적인 기록인 문장완성검사를 더하고, 학부모 상담 자료를 합치면 아이를 입체적으로 볼 수 있는 훌륭한 데이터가 된다. 이를 바탕으로 아이들을 성향에 따라 네 그룹으로 1차

분류한다.

① **능력자 멘토 그룹**: 공부도 잘하고 타인을 도와주려는 성향도 높은 아이들

② **중능력자 소멘토 그룹**: 공부는 중간 정도지만, 도와주려는 성향이 높은 아이들

③ **소능력자 화합그룹**: 공부는 어려워하지만, 타인과 잘 어울리는 아이들

④ **화합멘티 필요그룹**: 공부는 어려워하면서도 타인과 좋은 관계를 맺는 법을 아직 배우지 못한 경우로, 모둠 활동을 통해 가장 능력이 향상되는 아이들

이렇게 학생들을 그룹으로 나누었다면, 3가지 체크리스트 항목으로 학생들을 2차 조정한다.

① 같은 모둠을 한 적이 없는가?

② 아이들별로 상성이 맞는가?

③ 성별 균형이 맞는가?

위와 같이 1, 2차 조정을 마치면 분류된 아이들을 보고 선생님의 주관적 관찰 아래 아이들을 3차로 미세 조정한다. 최종 모둠이 구성되고, 모둠별 코칭을 해야 할 내용이 있는지 살펴본다. 예를 들면, 모둠 구성원들끼리 평소 과제 제출에 관심을 기울여 줬으면 좋겠다든지, 학교에 오는 것을 서로 챙겨 주며 스스로 생활

하는 능력을 키웠으면 좋겠다든지 하는 등의 코멘트를 해 주면
서 '모둠 미션'이라는 것에 대해 인식할 수 있도록 한다. 여기까
지 마무리되면 아이들에게 구성된 모둠을 공개한다.

모둠 구성원의 역할

모둠 구성원에게는 모둠 번호가 있다. 1번은 '성실이'다. 성실
이는 선생님에게 모둠 활동을 기록하는 체크 리스트를 받고 제
출한다. 그리고 2번 친구에게 모둠 활동을 했는지 체크해 달라
고 말하고 체크를 받아 선생님에게 제출한다. 그 외 자료를 가져
다주고 제출하는 역할도 한다. 만일 학교가 끝날 때 체크 리스트
를 제출하지 않으면 모둠 점수가 올라가지 않으므로 자연스럽게
이 역할을 수행하는 동안 모둠 구성원에 대한 책임감을 느끼게
된다. 주로 화합멘티 필요그룹에게 이 역할을 맡긴다. 이 역할을
잘하면 모둠 구성원들에게 큰 칭찬과 격려를 받을 수 있기에 개
인적인 성향이 강하거나 책임감이 아직 부족한 아이들에게 이런
경험을 쌓을 수 있도록 한다.

2번은 '꾸준이'다. 체크 리스트에 체크 하기, 모둠 활동을 한 친
구들에게 물어보고 직접 확인하기, 사실대로 했는지 점검하기 등
의 역할을 한다. 만일 누군가가 거짓으로 말했을 때는 2번인 자신

의 책임이라고 미리 말해 둔다. 그렇기에 2번은 모둠 친구들에게 꼼꼼하게 확인해야 한다. 소능력자 화합그룹이 이 역할을 맡도록 한다.

3번은 '도움이'다. 모둠 친구들의 공부를 도와주는 기여자이다. 과정 중심 평가에 통과할 수 있도록 적극적으로 도움을 준다. 모둠의 공부 멘토 역할을 하며, 모둠 단원 평가를 위해 꾸준히 애써 준다. 능력자 멘토그룹에게 이 역할을 맡긴다.

마지막 4번은 '만능이'다. 예전 1인 1역 같은 교실의 역할을 한다. 또한, 공부 시간에 모둠 친구들의 공부를 도와준다. 중능력자 소멘토 그룹이 이 역할을 하게끔 한다.

모둠 아이들의 역할은 모둠이 바뀌기 전까지 계속 이루어진다. 모둠은 대개 2달 정도 유지하고, 모든 모둠을 모아 전체 보상을 하게 되면 모둠을 바꾼다. 그때까지는 모둠 구성원을 바꾸지 않는다. 그렇게 충분히 모둠 구성원과 화합하고 경험을 쌓을 수 있는 시간을 준다.

모둠 협력시스템

모둠 구성원들과의 협력과 성장을 일으키기 위해 게이미피케이션 요소가 적용된다. 모둠 구성원들은 매일 모둠 체크판에 적혀진 7~8개 정도의 미션을 한다. 미션은 모든 모둠 구성원이 해야 성공한 것으로 인정한다. 미션은 기본 생활습관을 중심으로 구성되는데, 보통 학급에서 하는 루틴과 관련이 있다. 특별하게 에너지를 쏟지 않아도 학급에서 하는 활동을 따라오기만 하면 무난히 할 수 있는 것으로 구성한다. 레벨이 높아지면 학습과 태도에 대한 것도 추가된다. 다음 레벨로 가는 기간은 보통 2달 정도 걸린다.

한 단계 레벨이 올라가도 기본 생활습관 미션은 반복해서 실천한다. 다만, 낮은 단계에서는 미션 1개를 완료했을 때 1개의 포인트를 얻었다면, 레벨이 올라간 후에는 미션 3개를 해야 2개의 포인트를 얻는 시스템으로 바뀐다. 습관이 된 만큼 익숙해져 버린 쉬운 일은 포인트 점수를 낮춘다. 레벨이 올라가면 새로운 미션도 생긴다. 대표적인 예로, 수업에 정성 들이기, 다른 모둠이나 친구 끝까지 도와주기, 질문하기 등을 들 수 있다. 새롭게 추가되는 항목은 교사가 추구하는 긍정적인 가치로 정해 두면 좋다.

미션에 성공해 얻은 포인트는 모둠 포인트와 전체 포인트로 사용한다. 교사는 방과 후에 제출한 모둠 체크판을 보고 모둠 포인트를 계산해 올린다. 모둠 포인트가 10개가 되면 전체 포인트 1개가 올라간다. 전체 포인트를 5개 모으면 모든 포인트를 모으게 된다. 만약 한 모둠이 전체 포인트를 모두 모았다면, 그때부터 모으는 전체 포인트는 정해진 기준 안에서 다른 모둠에게 '기여'할 수 있다. 예로, 전체 포인트가 3개 이하인 모둠에게 전체 포인트가 4개가 될 때까지 줄 수 있다. 4개가 되면 마지막 1개의 전체 포인트는 모둠 스스로 올려야 한다. 그리고 모든 모둠이 전체 포인트를 모았다면 자유 시간을 얻는다. 학급 회의를 통해 무엇을 할지 정하고, 학급 운영비로 그 시간을 꾸민다. 아이들은 영화나 체육 시간을 가장 좋아했다.

하지만 전체 포인트를 모두 모았다고 방심하면 안 된다. 모둠 포인트가 다 모였더라도 모둠 체크판 확인은 계속된다. 만일 체크판의 미션을 하지 못하면, 못한 만큼 모둠 포인트가 깎인다. 자칫 잘못하다가는 전체 포인트가 떨어질 수 있다. 간혹 어떤 친구가 미션을 하지 않아 모둠 포인트가 떨어지는 경우가 있다. 이런 경우는 아이들 사이에서 얼마든지 생길 수 있다. 모둠 협력시스템을 소개할 때부터 이런 문제가 생길 수 있음을 미리 안내하고, 우려했던 상황이 발생하더라도 모둠 포인트가 떨어진 상황에서 모둠원들에게 가장 도움이 되는 말이 무엇인지 생각해 보게 하여 비난이 아닌 격려와 응원을 주게 한다. 선생님이 비난했을 때와 격려했을 때 중 어떤 때가 더 좋은지 역할극으로 예시를 들어 주면 좋다.

게이미피케이션 요소인 '리더보드'는 즉각적인 보상과 자신이 받을 보상의 개수를 수시로 볼 수 있게 한다. 아이들은 자신의 모둠 포인트를 눈으로 확인하고, 행동력을 올린다. 또한, 모든 모둠이 미션에 성공해 전체 보상을 받게 되면 다음 레벨로 올린다. 다음 레벨로 올라가는 것은 아이들이 성장했음을 의미하고, 이것은 곧 이제 낮은 단계의 레벨은 쉽게 할 수 있는 수준이 되었음을 인정해 주는 의식과도 같다. 마치 게임에서 레벨이 오르면 이전의 낮은 레벨에 있던 것들은 손쉽게 하게 되는 것과 같다.

<모둠 체크판 레벨 변화>

lever 1

	글똥 누기	감격 용도	우유 다 먹기	과제	발표	자리 청소	준비물	( )
1모둠								

lever 2

	글똥 누기 감격 용도 준비물	우유 다 먹기 자리 청소	과제	발표	수학	다른 모둠 끝까지 도와주기	정성 들이기 (도전하기)	독서하기
1모둠								

lever 3

	글똥 누기 감격 용도 준비물	우유 다 먹기 자리 청소 데일리 노트	과제 발표	수학	모르는 공부 질문하기	다른 모둠 끝까지 도와주기	정성 들이기 (도전하기)	독서하기
1모둠								

아이들의 변화

우유를 먹지 않는 아이가 있었다. 모둠 협력시스템을 하기 전에 아무리 우유를 먹으라고 해도 먹지 않던 아이였다. 우유 알레르기가 있는 것도 아니었고, 우유에 대한 트라우마가 있는 것도 아니었다. 단지 우유를 먹는 게 싫다고 했다. 아이에게 우유를 먹이는 일이 이리도 힘든 일이었다니. 모둠 체크판에 우유 먹기를 넣자, 모둠 친구들이 옆에 와서 '너 우유 먹어야 해.'라고 말한다.

"용진아, 너 우유 먹어야지. 우유 먹으면 키도 크고 건강해진다고. 나도 봐 봐. 이렇게 먹잖아."

"알았어."

세상에, 그랬더니 우유를 먹었다. 교사가 한 말이랑 특별히 다르지 않은데도 친구들의 말은 잘 듣는다. 과제를 안 해 오던 아이도, 아침에 글쓰기를 안 하던 아이도 마찬가지였다. 이제 관심을 갖고 해 보자는 친구가 생긴 것이다. 하기 싫은 지겨운 일이라도 이제는 해야 할 이유가 생겼다.

모든 모둠이 전체 포인트를 모아 자유 시간을 갖고 나면 모둠을 새로 구성한다. 헤어지기 전, 모둠 친구들에게 해 주고 싶은 응원의 말을 적게 한다. 한 아이가 이렇게 적었다.

"우리 모둠 최고! 영원히 함께하자!"

이 아이는 모둠이 처음 구성되었을 때 가장 투덜거렸던 아이 중 한 명이다. 모둠 협력시스템을 통해 모둠 내 협력과 모둠 간 기여를 경험하고는, 아이의 모둠 구성원은 영원히 함께하고 싶은 친구들로 바뀌었다. 협력의 이유가 있을 때 협력의 가치는 더 높아지는 법이다.

쓸모와 사연을 팔아요
〈알뜰시장〉

기대 반 걱정 반, 알뜰시장

알뜰시장은 아이들이 무척 기대하는 활동 중 하나다. 알뜰시장을 한다고 준비하라고 하면, 몇 주 전부터 거의 매일 어떤 물건을 가져와야 하는지 물어보곤 한다.

"선생님 집에 그래픽카드 있는데 가져와도 돼요?"

"너한테 필요한 물건인지 아닌지 점검해 봐. 다른 사람들에게 판매해도 좋다면 가져와도 좋아."

컴퓨터를 무척 좋아하는 선준이다. 그래픽카드까지 가져온다는 걸 보면 얼마나 알뜰시장을 기대하는지 알 수 있다. 목소리는 한껏 들떠 있고, "네!" 하는 대답은 신이 나 있다.

알뜰시장은 기본적으로 새로운 물건을 저렴한 가격으로 사고, 내 물건을 팔아 돈을 버는 시스템을 갖고 있다. 수업이 아닌 마트에 가는 기분인데, 안 좋아할 아이가 있을까 싶을 정도로 동기 유발이 쉽게 이루어진다. 하지만 교사 입장에서 알뜰시장은 큰 품이 드는 일이기도 하고, 가격을 정하기가 애매해 실제로 진행하기에 쉽지만은 않다.

가격은 보통 아이들이 스스로 정한다. 다만, 정확한 기준이 없으니 터무니없는 높은 가격을 내놓기도 하거니와 지나치게 낮은 가격을 매기는 경우도 종종 있다. 중고로 거래되는 물건은 판매자와 구매자가 원하는 가격 사이에서 적절한 가격이 결정되지만, 아이들이 스스로 시장에서 거래될 가격을 맞히는 건 어렵다. 그래서 아이가 원하는 가격보다 높을 경우 흥정을 하다 다툼이 생기기도 하고, 반대로 가격이 너무 낮을 경우 물건 판매 후 판매자가 후회하는 일도 있다. 이럴 때 교사의 중재가 들어가지만, 시장에 의해 가격이 결정되는 기본 원칙이 사라진 상황이라 교사의 직접 개입은 사실상 어렵다. 이런 문제는 알뜰시장을 하는 내내 발생한다. 그렇기에 알뜰시장은 의미 있는 활동이면서도 동시에 준비부터 과정까지 들어가는 품이 많아 고민이 되기도 하는 활동이다.

사연을 파는 중고장터

최근 중고 거래 앱인 당근마켓이 인기를 끌며 이웃 간 직거래가 활발해졌다. 가까운 곳에 사는 사람과 거래하니 구매가 결정되면 빠르게 물건을 받아볼 수 있다는 점이 꽤 매력적으로 다가온다. 한 동네 사는 사람과 얼굴을 마주 보고 거래한다고 생각하니, 파는 이의 입장에서도 문제 있는 제품을 팔기 힘들다. 게다가 내가 실제로 판매자가 되어 보니 조금이라도 더 정성을 쏟게 되고, 뭐라도 하나 덤으로 끼워 주고 싶은 마음이 들기도 했다.

당근마켓에 올라오는 글들에는 몇 가지 특징이 있다. 어떤 사람들은 실물 사진 한 장과 품명, 상태 정도만 기록하는 반면 어떤 사람들은 제품을 어떻게 사용했는지, 왜 팔게 되었는지 그 사연까지 푼다는 것이다. 상태를 꼼꼼히 알려 주는 것도 모자라 어떨 때 이 제품을 사용하면 좋은지 알찬 팁까지 준다. 이런 판매자가 파는 물품들에는 같은 물품이더라도 좀 더 신뢰감이 생기고, 왠지 한 번 더 글을 읽어 보게 되기도 했다. 나 역시 그랬다. 오래된 만화책을 팔았던 적이 있었는데, 만화책을 보며 좋았던 점과 언제 만화책을 보았는지 그리고 이것을 왜 팔게 되었는지 등을 간단하게 적어 올렸었다. 그랬더니 직거래할 때 구매자가 자기가 정말 찾고 있는 책이었다고 무척이나 기뻐하며 물건을 가져갔던 기억이 있다. 정든 물건을 보내며 나 또한 뿌듯한 마음이 들었고 말이다.

그렇게 몇 번 중고 거래를 해 보니 신상품 구입과 다르게 중고 거래에서는 판매하는 사람의 사연이 큰 의미가 있다는 생각이 들었다. 생각해 보면 그동안의 알뜰시장도 나름의 중고장터였는데, 판매하는 사람은 로드 숍에서 물건을 팔듯 가격과 물건만 보여 줄 뿐, 그곳에 사연과 쓸모는 빠져 있었다. 게다가 판매자가 구매 가격을 정하는 데 있어 어떠한 정보를 얻지도 못했다. 하지만 개인의 사연을 들어 볼 수 있다면, 물건에 대한 입체적인 이해를 할 수 있을뿐더러 구매자가 생각해 보지 못한 장점도 들을 수 있었을 것이다. 그래서 이런 시스템을 알뜰시장에 도입했다.

게이미피케이션 알뜰시장

알뜰시장은 크게 '생산-마케팅-판매'로 나뉜다. 우선 '생산' 단계에서는 제품을 등록하고, 사연을 떠올린다. 이때 아이들은 자신이 팔 물건에 대해 고민하고, 물건들과의 사연 그리고 이 물건을 어떤 용도로 사용하면 좋을지에 대한 생각을 정리한다. 그리고 팔 물건을 정하면서 자연스럽게 물건과 이별하게 된다. 페들렛과 같이 정보를 자유롭게 올릴 수 있으면서 접근성이 높은 프로그램을 활용해 아이들이 학교, 집 그 어디에서든지 물건을 올려놓고 사연과 희망가, 용도 등을 적을 수 있게 한다. 내가 팔 물건을 올리면서, 그리고 다른 사람의 물건을 보며 자연스럽게 알뜰시장에 대한 관심을 높일 수 있다.

두 번째 단계는 '마케팅'이다. 마케팅 단계에서는 희망 가격과 시장 가격을 견주어 보며 최종 판매 가격을 정하고, 실제 홍보에 쓰일 포스터를 만든다. 그리고 아이들은 한 명씩 돌아가며 자신의 물건에 담긴 사연을 발표한다. 이때, 페들렛에 올린 사진을 화면으로 보여 줘도 괜찮고, 실제 물건을 직접 가져와도 좋다. 사연 설명이 끝나면 질문을 받는다. 아이들 사이에서 실제 구매 가격, 제품을 사용할 때의 팁, 제품의 현재 상태 등 다양한 질문이 쏟아진다. 사연 발표가 끝나면 희망가를 말하고, 다른 아이들은 희망가가 적절한지 판단해서 시장 가격을 적는다.

"제가 가지고 온 물건은 그래픽카드입니다. 지금은 사용하고 있지 않아 형 몰래 가지고 왔습니다. 아마 괜찮을 거예요. 사용한 지 얼마 되지 않았습니다."
이 발표를 보며 왠지 모를 불안함이 들었다. 자기 물건이 아닌 것 같았다. 그래도 그것에 대한 책임은 아이에게 있다. 이어 아이의 희망 가격까지 들었다.

"희망 가격은 만 원입니다."

"예?"

다들 의아해했다. 상한가를 오천 원으로 했는데, 아이는 그보다 더 높은 금액을 받고 싶어 했다. 물론, 교사 입장에서 걱정할 필요는 없다. 다른 친구들이 매기는 시장 가격을 보고 실제로 자신이 팔 수 있을지 없을지 자연스럽게 알 수 있기 때문이다.

"모두 그래픽카드를 얼마 정도에 팔면 좋을 것 같은지 금액을 생각해 주세요. '하나, 둘, 셋' 하면 금액을 적고 저장 버튼을 눌러 주세요."

곧이어 카운트다운이 되고, 페들렛 게시물 댓글에 아이들이 적어 준 시장 가격이 올라왔다. 참고로 아이들이 올려 준 가격 중 가장 낮은 가격과 가장 높은 가격을 빼고 평균을 낸다. 금액은 오천 원이 나왔다. 아이는 실망한 표정이었다. 하지만 시장 가격을 알아봤으니, 판매는 스스로 결정해야 한다. 회수할지, 판매할지, 혹은 보류할지 말이다. 아이는 시장가를 보더니 한 번 더 이야기하고 싶어 했다.

"다른 곳에서 이 가격에 절대 살 수 없습니다. 저는 만 원이 적당하다고 생각합니다."

이런 방식으로 희망 가격에 대한 시장 가격이 형성된다. 판매하려는 아이들은 자신의 사연을 잘 설명해야 한다. 사연을 통해 물건의 현재 가치를 느낄 수 있을뿐더러 미래에의 활용도도 생각해 볼 수 있다. 만일 가능하다면 자신의 능력을 팔아도 좋다. 그림을 잘 그리는 아이는 자신의 재능을 팔았다. 동아리 시간에 크로키 그리기를 했는데, 아이의 그림에 대한 다른 아이들의 반응이 좋았던 것이다. 그때의 만족감이 외부에 표출된 것이라고 볼 수 있겠다. 그렇게 알뜰시장이 아이의 진로 교육까지 하게 된 셈이다.

판매 가격을 정하고 판매하기로 결정했으면, 이제 남은 건 홍보자료 만들기다. 포스터를 직접 그려도 좋고, 웹 포스터를 만들어도 좋다. 요즘에는 '미리캔버스'라는 무료 프로그램이 있어 손쉽게 만들 수 있고, 수정도 쉬워 아이들과 함께 활용하기에 좋다.

이 모든 과정이 완료됐다면 가장 마지막 단계는 '판매'다. 우선 화폐를 무엇으로 할지 정한다. 과거에 현금으로 진행한 경우도 있었지만, 요즘에는 사람들이 현금을 잘 들고 다니지 않을뿐더러 현금이 자칫 사행성으로 번질 우려도 있기에 가상화폐를 주로 사용한다. 교내 매점을 이용할 수 있는 화폐로 하여 아이들이 알뜰시장 이후에도 화폐를 자유롭게 활용할 수 있도록 했다.

알뜰시장은 경제교육의 시작

　알뜰시장은 이를 어떻게 바라보느냐에 따라 얻을 수 있는 것이 다양해진다. 물건을 사고 파는 행위에 집중한다면 시장경제 교육이 되고, 재능을 재화로 만들어 판매까지 허용한다면 진로 교육과도 연결된다. 여기에 물건에 사연을 얹어 팖으로써 마케팅 교육의 효과까지 얻을 수 있다. 알뜰시장 디자인 과정에 있어서도 아이들과 상의하며 생각지도 못한 다양한 아이디어가 펼쳐질 수 있다. 이처럼 여러모로 유용한 교육 프로그램인 '알뜰시장'이다. 알뜰시장으로 경제 개념을 확장시켜 보는 것을 추천한다.

해당 활동 영상을 QR코드를 통해
확인하실 수 있습니다.

함께 공부하고 배우는 관계
멘토-멘티

도와주는 일에는 뭔가 특별한 에너지가 있다

"5 곱하기 5분의 10이잖아."

"어."

"곱하기는 무슨 뜻이야?"

"곱하기? 음… 곱하기는 앞에 있는 것이 뒤에 있는 것만큼 있다는 거지. 앞에 5가 있잖아. 그걸 덩어리로 봐. 덩어리가 5분의

10만큼 있다는 거야. 그림으로 한 번 그려 봐."

"아… 어려운데… 잠깐, 이렇게?"

수업 시간이 훌쩍 지나 점심시간인데도 손도 씻지 않고 남아 친구를 공부를 알려주고 있다. 아이는 원래라면 밥 먹으러 일찍 가고 싶어 하는데, 이 상황에 몰입했는지 도와주는 걸 멈추지 않는다. 내가 가장 좋아하는 장면이다. 마음이 따뜻해진다. 이 순간을 오래 간직하고 싶어 스마트폰으로 아이들의 모습을 찰칵 찍는다. 이따가 집에 갈 때 이야깃거리가 하나 생겼다.

학교에서 아이들이 다른 친구를 돕는 모습을 종종 본다. 그중에서도 가장 눈길을 끄는 건 평소 도움을 잘 주지 않는 아이가 친구를 도와주는 모습이다. 설명하는 데 아주 푹 빠진 모습도 종종 보이는데, 독특한 점은 이전 수업 시간에 도움 활동을 했던 것이 서로 간 이어진다는 점이었다. 도와주는 아이를 보면 손도 사용하고 그림도 그린다. 표정 또한 사뭇 진지하다. 도움받는 아이가 해내면 "잘했어.", "그렇지!"하고 추임새도 넣어 준다. 그러다가 목소리 톤이 점점 높아진다. "잘하네! 그거야!"

2008년 진행된 미국 심리학 교수 소냐 류보머스키(Sonja Lyubomirsky)의 연구를 보면, 자발적으로 자원봉사를 하는 사람들은 그렇지 않은 사람들보다 우울감과 불안 수준이 낮고, 미래를 더욱 희망적으로 그린다고 했다. 아이들을 보면 이 연구 결과가 납득되기도 한다. 도움은 도움을 요청한 아이가 받는데, 에너지는 도리어 도와주는 아이가 받는 것 같아 보였다. 도와주는 일이 끝나고 함께 돌아서는 아이의 얼굴이 약간 상기되어 있곤 했다. 그 모습을 보는 나에게도 흐뭇한 에너지가 올라온다. 생각해 보면 지하철에서 자리를 비켜 줄 때, 길을 물어보는 분에게 내가 아는 길을 설명해 줄 때, 보드게임 하는 방법을 알려 달라는 요청에 흔쾌히 도와주었을 때 유독 기분 좋은 느낌이 들었다. 분명 도와주는 행위에는 사람의 마음을 기쁘게 하는 긍정 에너지가 숨이 있는 게 분명하다.

도움이 필요한 이유

초등학교 교실에는 같은 또래의 아이들이 여럿 모여 있다. 하지만 교사의 설명은 하나이기에 모든 아이가 같은 속도로 받아들일 수 없다. 어떤 아이는 나의 설명이 머릿속에 쏙쏙 들어오는 반면 어떤 아이들은 당장 이해가 안 될 수 있다. 또 어떤 아이는 그림을 그리면 이해도가 높아지지만, 어떤 아이들은 옆에서 1:1로 설명해 주어야만 이해하기도 한다. 이처럼 정보를 이해하고 해석하는 방식에 따라서도 습득의 정도에 차이가 있다.

게다가 난이도에 따라 인지하는 정도도 다르다. 초등학교 아이들이 배우는 용어는 아이들에게는 거의 매번 새로운 단어로 다가온다. 마치 외국어를 처음 들으면 잘 들리지 않는 것처럼, 새로운 용어는 익숙하지 않아 받아들이는 정도가 저마다 다르다는 것이다. 이는 이전의 경험에 영향을 크게 받는다. 만일 수업 시간 새로운 용어를 배우기 전, 아이에게 이미 그것을 들어 보거나 읽어 봤던 경험이 있다면 그 용어는 아이에게 있어 더 이상 새로운 용어가 아닌 것이다. 그럴 경우 다른 아이들보다 받아들이고 기억하는 정도가 훨씬 빠를 수 있다. 그리고 이러한 이유 때문에 아이들에게는 도움이 필요한 것이다.

사실 도움은 곧 세상을 살아가는 원리이기도 하다. 물건이나 서비스를 제공하는 직업도 '사람의 불편한 상황을 어떻게 하면 도울 수 있을까?' 하는 생각에서 시작된 것이라는 거다. 노래를 부르는 가수도, 타인의 삶을 연기하는 연기자도 다른 이의 감정을 건드리는 것을 돕기 위해 일을 한다. 모든 직업은 이처럼 남을 돕기 위한 일인 것이다. 아이들 역시 이렇듯 서로 도움을 주고받으면서 세상의 원리를 알아 가게 된다.

게이미피케이션 멘토-멘티 제도

멘토-멘티 활동은 어떤 과목에 능력이 있고, 도움을 주고 싶어

하는 학생이 도움이 필요한 학생을 돕는 활동이다. 이 활동은 주로 단계별로 지식과 원리를 습득하는 수학 과목에서 운영한다. 보통 멘토 지원자를 받고 멘티를 선정해 주는 절차로 이루어지지만, 여기에 게이미피케이션 요소를 적용하면 좀 더 흥미롭게 운영할 수 있다. 멘티-멘토 활동은 관계 맺기, 활동하기, 축하하기의 3단계로 이루어진다.

1. 관계 맺기

멘토와 멘티 희망자를 모집하고 연결하는 단계다. 멘토-멘티 제도에 대해 안내하며 2가지의 이점이 있음을 알린다. 우선, 멘토-멘티에게는 함께 앉을 권한이 주어진다. 단, 다른 친구의 자리를 빌릴 때는 존중하는 말로 자리를 빌리고, '내가 마치 이 자리에 오지 않았던 것처럼' 뒷정리를 하고 와야 한다. 두 번째, 멘토-멘티 활동이 끝나면 작은 보상이 있음을 미리 안내한다. 단, 보상은 절대로 크지 않아야 한다. '이게 무슨 보상이냐' 할 정도로 작은 것을 줘야 한다. 보상이 너무 크면 보상을 바라고 행동하게 되기 때문이다. 그렇게 보상이 있으나 마나 할 정도로 시작한다. 젤리 하나, 오트밀 1개 정도면 충분하다.

안내가 끝나면 멘토 희망자를 모집한다. 멘토는 존중하는 말로 정답을 알려 주지 않고, 질문하는 방식으로 친구를 도와주도록 약속한다. 멘토 희망자가 나오면 자신의 멘토로서의 능력과 멘토 활동에 임하는 다짐에 대해 친구들 앞에서 발표한다. 발표가 끝나면 발표 내용을 칠판에 붙인다. 그리고 멘토들은 누구와 멘티가 되더라도 최선을 다해 도와줄 것을 약속한다.

"어떤 친구랑 될지는 몰라요. 누구랑 되더라도 정성을 들여 주세요. 여러분들은 가르쳐 주면서 가장 많은 것을 배우게 될 거예요."

이후 잠시 멘토를 다른 공간에 가 있도록 한다. 이제 멘티를 희망하는 학생들이 칠판에 붙여진 멘토의 능력과 다짐을 보고, 원하는 멘토 아래에 투표 토큰을 붙인다.

"여러분, 원하는 멘토 이름 아래에 토큰을 붙여 주세요. 멘토 1인당 2명까지 가능합니다. 인원이 넘치지 않게 서로 상의해 주세요."

조율이 되지 않으면 교사가 조언을 해 준다. 하지만 결정은 아이들의 몫이다. 기다려 주고 서로 이야기할 시간을 주면 곧잘 해낸다. 그렇게 매칭이 완료되었으면 멘토 아이들을 부른다.
"자, 들어오세요."
"우와~!"

멘토들의 표정이 흥미진진하다. 매칭될 아이들이 누군지 확인하고는 얼굴에 웃음을 띤다. 앞서 누가 되든 정성을 다하겠다는 다짐을 받았기에 아이들은 이미 마음의 준비를 하고 있다. 다음은 멘토-멘티 간 서로의 약속을 정하는 시간이다. 활동 기간에 멘토로서 지켜 줄 약속과 멘티로서 지켜야 할 약속을 정하고, 서약서를 작성하는 것으로 관계 맺기를 마친다.

2. 활동하기

수업 시간이 되면 정해진 멘토-멘티는 자리를 이동해 서로의 옆에 앉는다. 멘티는 모르는 게 있으면 멘토에게 먼저 물어본다. 이때, 멘토는 정답을 알려 주면 안 된다. 생각하는 법을 알려 준 뒤, 멘티가 이해할 수 있게끔 쉬운 수준의 질문을 하고 설명해 준다. 간혹 멘토-멘티 활동을 하다 보면 정답을 알려 주는 경우가 종종 보이는데, 활동을 시작하기 전 가이드 라인을 언급해 주거나 엇나가는 경우가 있을 때는 반복해서 알려 주면 자연스럽게 올바른 문화로 자리 잡힌다. 한편, 멘토도 모를 때는 다른 멘토의 힘을 빌리거나 선생님에게 도움을 요청한다.

3. 축하하기

단원이 끝날 때 그 단원에서 배워야 하는 성취 기준을 점검한다. 이때, 멘티는 멘토의 도움 없이 스스로 할 수 있도록 한다. 이 날이 오기 전, 미리 안내해 멘토와 멘티 간 서로 준비할 수 있도록 한다. 이렇게 마무리 점검까지 끝나면 멘토-멘티 활동을 축하하는 시간을 갖는다. 이름을 부르면 멘토와 멘티를 앞으로 부르고, 교사가 그동안 관찰했던 것을 바탕으로 그들의 시도와 노력에 대해 격려의 말을 해 준다.

"선생님이 봤더니, 힘든 문제였지만 네가 하려고 시도하는 모습을 봤어. 멘토도 끝까지 정성껏 설명해 주는 것을 보고 선생님도 감동했어. 그런 모습을 볼 수 있게 해 줘서 고마워. 이건 선생님이 주는 작은 선물이야. 지금 먹어도 괜찮아. 서로에게 한 마디 해 줄래?"

아이들끼리도 한 마디씩 격려의 말을 하도록 한다. 그리고 마지막으로 간단한 보상을 준다. 특별하게 이 자리에서 먹을 수 있도록 해 준다.

이후 새로운 단원을 시작하면 또다시 멘토-멘티를 모집한다. 이때의 보상은 이전에 준 것보다 아주 조금 더 나은 것으로 준비한다. 게임을 할 때도 레벨이 올라가면 원래 줬던 보상보다 약간 더 나은 보상을 주지 않나. 낮은 레벨에서 높은 레벨로 올라갔음을 조금 더 나은 보상으로 보여 주는 셈이다. 이런 시스템은 아직 참여해 보지 않은 다른 아이들도 참여하게끔 유도한다.

문제를 해결하는 생각 회로가 만들어진다

초등학교에서는 무언가를 잘하는 것보다 자신이 하고 싶은 게 있는데 그걸 잘 모르겠거나 못할 것 같을 때 적절한 해결 방법을 탐색하는 용기가 훨씬 중요한 능력이다. 멘토-멘티 활동을 하면 지금 당장 모르는 것을 알게 된다는 장점도 있지만, 그보다 더 중요하게 얻는 것이 있다. '잘 모르겠는데…'에서 머물던 생각을 '이거 어떻게 하는 거야?'라는 행동으로 옮길 수 있게 하는 생각 회로를 만들어 준다는 것이다. 한 아이는 1년을 돌아보는 활동에서 우리 반에 대해 이렇게 설명했다.

"친구들과 다투면 선생님과 상담하면 되고, 내가 잘 모르는 것이 있으면 멘토에게 물어보면 된다. 우리 반은 참 특별한 반이다."

아이들의 머릿속에 당장 많은 것이 들어 있게 하는 게 중요한 것이 아니다. 내가 정확히 무엇을 모르고, 내게 정확히 무엇이 필요하며, 그것들을 어떻게 내 안에 넣을 수 있을지를 아는 것이 중요하다. 이런 생각 회로가 있는 아이들은 앞으로 만나게 되는 새로운 것들에 두려워하지 않고 도전할 수 있다.

재미있게 쓰레기 줍기
〈줍깅 챌린지〉

지겨운 쓰레기 줍기

우리는 하던 대로 느끼고 움직이려는 경향이 있다. 가령 오늘부터 운동하기로 했다고 가정하자. 첫날은 호기롭게 하다가도, 다음 날 몸이 아프고 쑤시면 왠지 모르게 하기 싫은 마음이 스멀스멀 올라온다.

'오늘은 쉬고 내일 하자.'

'하루 정도 쉰다고 크게 달라지지 않아.'

'쉬는 것도 중요해. 몸 상태가 안 좋은 것 같아. 그러면 쉬라고 했었어.'

너무나도 쉽게 새로운 변화를 거부하고 또다시 익숙함을 택하려 한다. 누구나 그렇다. 이유는 바로 무의식에 있다. 무의식은 익숙한 대로 행동하려고 한다. 변화하려고 하면 뇌를 사용하게 되고, 또 에너지를 사용하게 된다. 변화는 뇌의 효율성 면에서 부적합한 것이다.

학교에서는 아이들과 지내며 여러 다양한 활동을 하게 된다. 그중에서도 아이들이 특히나 반가워하지 않는 활동이 있으니, 바로 학교 주변 '쓰레기 줍기'다. 규모가 큰 학교에서 근무했을 당시, 주기적으로 한 반씩 돌아가며 쓰레기를 주웠다. 처음에는 밖에 나간다는 것에 들뜨던 아이들이었지만, 시간이 지날수록 점차 모이는 시간이 늦어지고, 또 쓰레기를 줍기보다는 땅을 파며 수다를 떠느라 바빠 보였다. 그럴 때마다 "애들아! 쓰레기 줍자!"를 반복하거나 활동의 취지를 다시금 설명해 주었지만, 아이들의 마음을 쓰레기 줍기로 돌리는 데는 한계가 있었다.

어느 날, 우연히 라디오 방송을 듣게 되었다. 일본에서 여는 환경 관련 행사의 이야기였는데, 쓰레기 줍기를 마치 게임처럼 한다는 것이었다. 실제로 일본에는 '스포츠GOMI'(이는 스포츠, 그리고 쓰레기를 뜻하는 일본어인 '고미'가 합쳐진 말이다.)라고, 쓰레기 줍기를 활용한 이색 스포츠 대회가 있다. 이는 실제 2008년부터 2019년까지 약 600여 회가 이루어질 정도로 인기였다. 정해진 시간 내에 최대한 많은 양의 쓰레기를 줍고 주운 쓰레기에 따라 점수를 매기는데, 무게가 나가는 캔은 점수가 낮고 가벼운 담배꽁초 같은 것은 점수가 높다고 한다. 게이미피케이션을 적용한 흥미로운 사례로 여겨졌다.

줍깅 챌린지

우리 학교 주변에는 천이 있었다. 비가 많이 오고 나면 천 주변에 풀들이 누우며 쓰레기가 많이 보였다. 비가 내려서 깨끗하게 씻기는 느낌이 들어야 했는데, 도리어 쓰레기가 드러나니 보는 이들의 눈이 절로 찌푸려졌다. 그래서, 옆 반 선생님과 이를 해결하기 위한 '줍깅 챌린지'를 계획했다.

줍깅 챌린지는 앞서 말한 '스포츠GOMI'의 방식을 학교에 맞게 변형한 방식이다. 줍깅 챌린지를 하기 하루 전날, 모둠끼리 겹치지 않게 쓰레기를 주울 수 있을 만한 장소를 표식으로 구분했다. 주의해야 할 구역을 사진으로 찍고, ppt로 만들어 아이들에게 보여 주었다. '줍깅 챌린지'는 반 아이들이 모둠에 맞는 구역에 서서 제한 시간 20분 동안 최대한 쓰레기를 많이 줍는 활동이었다. 그냥 쓰레기만 줍는 것이 아니라, 미션에 가장 어울리는 쓰레기를 주운 모둠에게 점수를 주는 방식이다. 이 시스템의 독특한 면은 목표가 무엇인지 공개하지 않는다는 점이다. 줍깅을 하기 전에 5가지 정도의 예시를 준다.

1. 오늘 주운 쓰레기 중 가장 큰 쓰레기
2. 오늘 주운 쓰레기 중 가장 작은 쓰레기
3. 쓰레기 종류 중 가장 많은 수 비교
4. 쓰레기 종류가 많은 팀
5. 플라스틱 중 가장 작은 것 등

미션 내용은 공개하지만, 어떤 미션을 달성해야 하는지는 제한 시간인 20분이 지나고 모인 자리에서 공개한다. 단 20분에 불과했지만, 50리터 쓰레기봉투가 산더미처럼 쌓였다. 게다가 투덜대며 나갔던 아이가 '이렇게 재미있는 것이 있었나'라며 소감을 남기는 것을 볼 수 있었다.

줍깅 챌린지 | 활동 방법

❶ 사전에 정해진 표식을 이용해 모둠별로 겹치지 않게 구역을 나눈다.

❷ 주의해야 할 장소를 ppt로 만들어 둔다. 간단하게 영상을 찍어 각 반에 공유하면 좋다.

❸ 금주의 줍깅 챌린지 미션 목록을 공개한다. (예: 가장 긴 비닐봉지, 가장 작은 플라스틱 등)

❹ 줍깅 챌린지 당일에 모둠별로 각자의 표식이 있는 자리로 이동한다.

❺ 모둠별로 한 명씩 스마트폰을 꺼낸다. 선생님이 '시작' 신호를 메신저 창에 남기면 20분 동안 쓰레기 줍기를 시작한다.

❻ 정해진 구역과 금지 구역을 지켜서 쓰레기를 줍는다.

❼ 20분이 지나면 모두가 한자리에 모여 오늘의 '줍깅 챌린지' 미션을 뽑는다.

❽ 아이들은 미션에 어울리는 쓰레기를 골라 모둠 간 비교를 한다.

❾ 모둠별로 점수를 매기고 학급 보상과 연결한다.

- 가장 작은 플라스틱 쓰레기
- 담배꽁초를 가장 많이 주운 팀
- 가장 긴 쓰레기 줍기
- 가장 플라스틱이 많은 모둠
- 병뚜껑의 개수
- 병의 개수
- PET병의 개수
- 쓰레기의 종류
- 쓰레기의 무게가 많이 나가는 팀

의미를 생각하며 쓰레기를 줍는 일은 쉽게 지친다. 의미는 추상적이고 내 눈앞에 잘 보이지 않기 때문이다. 이럴 경우 행동에 동기가 줄어든다. 게이미피케이션은 이러한 목표를 내 눈앞에 구체적으로 보여 준다. 신이 나서 활동하고 난 후, 산처럼 쌓여 있는 쓰레기를 분해하는 작업에서 아이들은 놀랐다. 담배꽁초가 이렇게나 많이 버려져 있었는지, 20분 만에 우리가 이 쓰레기를 전부 주운 것이 맞는지 의심이 들 정도의 양이었기 때문이다.

의미는 아이들이 직접 찾을 때 자발적인 동기가 생긴다. 게이미피케이션은 즐거운 체험이다. 이렇게 체험은 우리의 온 감각 세포를 깨운다. 무엇이든 받아들일 준비가 된 상태로 마음이 바뀌게 된다. 이때 정말 하고 싶은 이야기를 아이들에게 말해 준다.

"한 번의 집게질이 모여서 이렇게 많은 쓰레기를 줍게 되는 것처럼, 누군가의 한 번의 행동이 모여서 이렇게 많은 쓰레기가 널려 있는 거야. 모든 결과는 지금 하는 아주 작고 사소한 행동에서 시작해. 너희들이 오늘 보여 준 작은 행동은 위대한 일의 시작이 될 거야."

해당 활동 영상을 QR코드를 통해
확인하실 수 있습니다.

PART **5**

보드게임,
하나의 문화로

보드게임을 한다?
-진정한 정의 알기

보드게임을 하려면 규칙서를 처음부터 읽어야 한다. 게임에 따라 그 양이 단편 동화집의 한 챕터 정도까지 되는 게임도 있다. 그 때문인지 학교에서 보드게임을 활용하는 모습은 크게 둘 중 하나다. 하나는 교사가 이 규칙을 완전히 익혀 아이들과 함께하는 경우다. 그리고 다른 하나는 아이들의 자율성에 맡기는 방법이다. 후자의 방법이 분명 잘못된 것은 아니지만, '보드게임은 학생 문화를 형성한다'는 측면에서 '보드게임을 한다'는 행위는 다르게 정의되어야 할 필요가 있다.

　요리할 때를 생각해 보자. 우선 무엇을 먹을지 생각하고, 레시피대로 재료를 준비한다. 냉장고에 재료가 있는지 확인한 후, 있다면 사용하고 없다면 필요한 재료를 산다. 물론, 재료가 있더라도 해당 재료의 유통기한이 다 됐는지 확인도 한다. 그리고 재료가 모두 괜찮은 상태면 적당량을 맞춰 놓는다. 그렇게 재료가 모두 준비되었다면, 이제는 요리를 할 시간이다. 레시피대로 요리를 진행하기도 하고, 때로는 나만의 방법으로 변형해 보기도 한다. 그렇게 간을 보며 각자의 입맛에 맞게 요리하면 어느덧 음식이 완성된다. 그리고 완성된 음식을 먹고, 마지막 마무리로 뒷정리를 한다. 교육과정에도 앞서 말한 순서로 아이들을 지도하게끔 나와 있다. 그래서 아이들과 수업할 때 마무리 역시 반드시 평가 요소에 들어간다.

　운동할 때도 마찬가지다. 우선, 어떤 운동을 어떻게 할지에 대해 생각하고, 준비한다. 그다음 운동에 맞는 스트레칭을 하며 운동을 할 수 있는 몸을 만든 후, 운동 방법을 배운다. 그리고 실제 운동을 하고, 마쳤다면 마무리 스트레칭을 한다. 이 모든 과정을 거쳐야 우리는 '운동한다'고 하는 것이다. 참고로 〈뭉쳐야 찬다〉라는 TV 프로그램은 다양한 종목의 운동선수들이 조기축구를 하는 방송인데, 그 프로그램에 나오는 선수들도 모두 위와 같은 순서를 지켜 운동하는 모습을 볼 수 있었다.

　보드게임을 아이들에게만 맡기는 것은 자칫 요리할 때 레시피에 대한 설명 없이 재료를 주고 요리하라는 것과 같고, 방법과 규칙을 모르는 사람에게 무작정 운동하라고 시키는 것과도 같을 수 있다. 이럴 경우 처음에는 신기해하며 좋아하는 모습을 보일 수 있어도, 금방 재미를 잃게 된다. 가만히 관찰해 보면, 아이들도 규칙서를 제대로 읽지 않는 때가 많다. 자신들만의 단순한 규칙으로 변형해서 진행하는 경우도 있고 말이다. 보통 보드게임은 흥미를 느낄 수 있는 요소를 게임 속에 넣어 두는데, 이것을 제대로 모른 채 아이들의 감으로만 게임을 하면 쉽게 싫증 날 수도 있다. 게다가 게임 규칙서의 텍스트가 조금이라도 길면 무척 재미있는 게임인데도 조금 읽다가 금세 포기하는 모습을 보이기도 한다.

　또, 사실 보드게임에도 엄연히 스포츠적 요소가 들어가 있다. 이때, 상대에 대한 존중과 페어플레이 승부에 관한 이야기를 해 주지 않으면 보드게임 하는 내내 목소리가 큰 사람이 게임판을 주도하게 되어 버린다. 규칙이 게임을 이끄는 것이 아닌, 힘이 센 사람이 게임의 결과를 좌우하게 될 수도 있다. 이럴 경우, 재미는커녕 게임에 대한 부정적 감정만이 생기게 된다.

　많은 이들에게 오래도록 사랑받았던 장수 보드게임 중에 〈다빈치 코드〉라는 보드게임이 있다. 보드게임을 알아 가던 초창기에 이 게임을 아이들과 자주 했었다. 이 게임의 장점은 던지고 밟아도 부품이 잘 부서지지 않는 두꺼운 플라스틱 타일로만 구성되어 있다는 점이다. 〈다빈치 코드〉는 훼손에 대한 걱정이 상대적으로 적었다. 그렇게 시간이 흘러 보드게임이 손때를 타게 되면 나름 빈티지 스타일이 되겠다고 여기기도 했다. 그렇게 내 나름의 의미를 부여하곤 했는데, 실제 한해가 지날 무렵 보드게임 박스의 낡은 귀퉁이를 보고는 마음이 참 무거웠다. 사각 박스 귀퉁이는 마치 쥐가 파먹은 것처럼 찢어져 있었고, 보드게임 규칙서는 교실 뒤편 사물함 아래에 널브러져 있었다. 처음 예상했던 것과는 다르게 불쾌한 느낌이 속에서 확 올라오는 것이 아닌가. 이대로는 아이들과 더 이상 보드게임을 함께하기가 힘들 것만 같았다. 교실에 있는 보드게임은 직접 구매한 개인 물건인데, 보드게임을 망가지게 한 범인을 잡는 것도 쉽지 않은 문제였고, 설령 범인이 누구인지 알았다고 하더라도 그 아이에게 보드게임을 새로 사 내라고 하기도 어려운 일이었다.

이후 나는 보드게임을 사용하는 아이들을 관찰했다. 아이들은 보드게임을 마치 키즈카페 놀이터의 놀이기구인 양 이용하고 있었다. 쉬는 시간이 되면 인기 있는 보드게임이 있는 쪽으로 달려가 사용만 하고는 그냥 가 버리는 것이었다. 게다가 게임을 하다가도 잘 풀리지 않으면 "나 안 해!" 하고 중간에 빠지기도 했다.

보드게임을 하는 동안 아이들 사이에 규칙과 존중이라는 울타리는 보이지 않았으며, 아이들에게는 '보드게임은 빌려 쓰는 것이니 소중히 다루고 함께 정리해야 한다'는 개념이 아예 형성되지 않은 것처럼 보였다. 그때 문득 깨달았다. 아이들이 보드게임을 공기처럼 사용하고 있었다는 것을 말이다. 아이들에게 있어 보드게임은 그저 '교실에 올 때부터 있었던 것, 쉬는 시간이든 점심시간이든 내 마음대로 사용할 수 있는 공용 물품'에 불과했다. 내 것은 아니지만 남의 것도 아닌, 그래서 마음대로 사용해도 아무도 뭐라고 할 사람이 없는 그런 물건 말이다. 마치 교실 바닥에 굴러다니는 잃어버린 지우개와도 같았다.

어떤 아이들은 교사나 부모님이 특별하게 의미를 설명하지 않더라도 스스로 물건을 소중히 다루고, 물건을 사용한 다음 잘 썼다고 고마움을 표현하기도 한다. 하지만 어떤 아이들은 좋아하면서도 그 물건을 함부로 다루곤 한다. 보드게임은 어느 정도 함부로 다루어도 아무런 문제가 없을 것이라고 생각하는 것이다. 하지만 이는 아이들이 보드게임에 대해 잘 모르기 때문에 나타나는 모습이다. 사실 보드게임은 카드 한 장이 구겨지거나 컴포넌트 하나가 없어져도 게임을 제대로 즐길 수 없다. 물론 게임의 종류에 따라 다르겠지만 대부분의 보드게임이 그렇다. 아이들은 이러한 부분에 대해 명확히 알지 못한다. 아이들에게 보드게임을 소중히 다루어야 한다는 것, 그리고 게임을 하며 지켜야 할 존중과 규칙이 있다는 것을 알려 줘야 한다. 아이들이 일으키는 많은 문제들 중 일부는 어른이 아이들이 알 것이라고 생각해 일어나는 것이다. 사실 아이들은 아직 어리기에 어른이 알려 주지 않으면 잘 모르는 것들이 종종 있다. 그러므로 어른이 진심으로 알려 줘야 한다. 그렇게 아이들이 존중을 배우면 그다음부터 너무나 귀하게 다루어 준다.

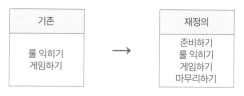

<'보드게임을 한다'의 정의>

한편, '요리한다'와 '운동한다'처럼 '보드게임을 한다'에도 준비하기, 규칙 배우기, 게임하기, 마무리하기의 4가지 절차가 있다. 이에 대해서는 보드게임을 첫 수업에 도입할 때, 아이들에게 안내하도록 한다. 보드게임을 하는 매시간에 반복해서 알려 주면 보드게임의 훼손 및 보드게임으로부터 일어나는 아이들 간의 문제을 예방할 수 있을뿐더러 아이들로 하여금 존중하는 태도를 가지게 할 수 있다. 이처럼 마음의 준비부터 끝 정리까지 제대로 이루어졌을 때 비로소 '보드게임을 한다'라 말할 수 있다. 다음 장에서 좀 더 자세하게 알아보자.

보드게임 준비 단계
-보드게임에 숨 불어넣기

우리 집에는 식구가 많다. 뽈뽈이, 뽀득이, 식순이 등. 애네들은 내가 없어도 늘 집안일을 해 준다. 가장 귀찮은 빨래, 쓸기, 닦기를 해 주면서도 귀찮다는 말조차 하지 않는다. 이는 물론 가전제품 이 야기다. 뽈뽈이는 로봇청소기, 뽀득이는 무선 물걸레청소기, 식순이는 식기세척기다. 나는 이름만 붙여 주지 않는다. 인사도 한다.

"청소 다 끝났네. 고맙다. 뽈뽈이!"

윙 소리를 내며 바닥을 쓸면 훨씬 깨끗하고 상쾌한 기분이 든다. 어떤 때는 파닥파닥 돌아가는 청소 솔이 귀엽게 보이기까지 한다. 이렇게 사물에 의미를 부여하면 훨씬 더 가깝게 느껴지고, 그 사물에 대한 애착이 생긴다. 4년을 사용한 로봇청소기가 고장 났을 때는 마음이 아릴 정도로 아프기도 했다. 나는 이렇게 사물에 생명이 있는 것처럼 의미 있게 여기는 것을 '숨 불어넣기'라고 부른다.

학기 초 아이들을 만날 때 여러 이야기 중 꼭 보드게임에 관한 이야기를 하는 편인데, 아이들에게 보드게임에 대해 소개할 때도 이러한 '숨 불어넣기'를 한다.

"너희들도 좋아하는 것이 있지? 어떤 것들이 있니? 어느 날 그것들이 망가지거나 부서지면 마음이 어때? 그래, 속상하고 화도 나지? 너희들 표정처럼 선생님도 좋아하는 게 그렇게 되면 똑같을 거야."

"얘들아, 선생님도 정말 좋아하는 것이 있어. 교실을 둘러볼래? 어때? 보드게임이 많지? 선생님은 보드게임을 정말 좋아해. 집에는 이것보다 더 많이 있단다. 재미있기도 하고, 보드게임을 하면 친구들이랑 쉽게 친해질 수 있거든. 너희들하고도 잘 지내고 싶어서 교실에도 보드게임을 두었어. 그런데 있잖아. 이 보드게임을 하나 사려면 2~3만 원이 들어. 게다가 보드게임에 든 작은 종이가 구겨지거나 물건 하나만 사라져도 제대로 게임을 즐기지 못하게 돼. 선생님은 그럴 때 엄청 속상해."

이렇게 말하면 아이들이 초롱초롱한 눈으로 공감한다는 듯이 바라본다. 그러면 나는 말을 이어간다.

"예전에 우리 반 아이가 보드게임을 사용했던 모습이야. 어떠니? (이때, 보드게임이 헤지고 찢어진 상태로 있는 모습을 보여 준다.) 그래, 선생님 마음도 무척 속상했어. 앞으로 너희들이 보드게임을 사용할 때 아기를 다루듯 소중히 다뤄 줬으면 좋겠어."

아이들이 알았다는 듯 고개를 끄덕인다. 보드게임은 교실에 있는 여러 가지 물건, 특히 흔히 쓰이는 가위나 풀보다도 손이 더 많이 가는 물건 중 하나다. 쉬는 시간, 점심시간, 그리고 방과 후에도 아이들의 보드게임은 계속된다. 많이 만질수록 당연히 많이 닳고, 또 해진다. 때로는 게임 박스가 훼손될 때도 있고, 심할 때는 카드나 말과 같은 컴포넌트가 망가지기도 한다. 교사 입장에서도 좋아하는 보드게임이 상해 버리면 참 마음이 쓰리다. 이때, 아이들에게 물어내라 하지도 못할뿐더러 범인을 잡기도 난감하다. 그렇게 홀로 속만 끓일지도 모른다. 하지만 아이들은 '보드게임=교사가 귀하게 여기는 1번'이라는 것을 인식하고 나면, 누구보다도 그것을 잘 지켜 주려는 의지를 보인다.

내가 말한 것을 반복적으로 노출하기 위해 '보드게임 기본 규칙'을 교실에 붙이고, 구호도 함께 만들어 본다.

찢지 않기   구기지 않기   접지 않기   버리지 않기

밟지 않기   던지지 않기   낙서하지 않기

그리고
같이 정리하기

QR코드를 통해 해당 자료를 활용하실 수 있습니다.

"한 번 따라 해 볼래? 찢, 구, 접, 버, 밟, 던, 낙, 정! 찢지 않기, 구기지 않기, 접지 않기, 버리지 않기, 밟지 않기, 던지지 않기, 낙서하지 않기, 같이 정리하기! 보드게임을 할 때마다 한 번씩 읽어 보고 지켜 줬으면 좋겠어. 그럴 수 있지? 그럴 수 있는 사람 손 들어 볼래?"

모든 아이들이 번쩍 손을 들었다.

"자, 그럼 선생님이 사진 찍을게! (찰칵) 보드게임을 어린아이처럼 다뤄 줬으면 좋겠어. 선생님이 정말 소중하게 다루는 거야."

나를 드러내는 것을 '자기 노출'이라고 한다. 상대방에게 나에 대해 충분히 알려야, 상대방이 좋아하는 것은 하고 상대방이 싫어하는 것은 하지 않으려고 한다. 모르면 내 생각과 판단으로 기준을 잡아 버린다.

학기 초에 이렇게 하는 것만으로 많은 사고가 예방이 되지만, 아이들은 하루 한 시간에 많은 양의 새로운 정보를 머릿속에 넣어야 한다. 한 번 알려 줬다고 잘 할 것이라는 생각은 버려야 한다. 단 한 번 알려 준 것을 오래 기억하는 건 아이뿐만 아니라 어른에게도 어려운 일이다. 특히 학기 초는 아이들에게 있어 더욱 그렇다.

보드게임을 새로 소개할 때, 아침 시간, 그리고 보드게임을 시작하기 직전에 아이들에게 다시금 되새기게 한다. 그리고 보드게임을 소중하게 다루어 주었을 시 반드시 그에 대한 감사 표현을 한다.

"보드게임을 소중히 다뤄줘서 고마워. 선생님이 너희에게 존중받는 것 같은 기분이 들어. 나도 너희 물건을 소중히 다루어 줄게."

선생님의 고마움에 아이들도 기꺼이 도와주고 싶은 마음을 느낀다.

한 번은 반 아이들에게 〈스틱스택〉 보드게임을 소개한 날이었다. 다들 재미있다며 이 보드게임을 하고 싶어 했다. 방과 후, 어쩐 일인지 하림이가 〈스틱스택〉 보드게임을 들고 다가와서는 내 앞에 그것을 내밀려는 것이 아닌가. 하지만 아이는 그것을 보여주려다 도로 거두고 뒷걸음질을 쳤다.

"선생님 사실은요…, 정말 죄송해요."

"왜? 무슨 일인데?"

"제가 보드게임 하다가 모르고 뒤로 앉았는데 타워가 부러졌어요. 정말 죄송합니다. 선생님이 아끼시는 건데⋯."

하림이는 내게 죄송하다고 말했다. 그리고 '선생님이 좋아하는 건데'라고 말했다. 하림이에게 나는 괜찮다고, 선생님이 고칠 거라고 말했지만, 마음이 아팠다. 다음 날, 하림이가 걱정할 것 같아 순간접착제로 부러진 타워를 붙여서 보여 줬다. 하림이가 그것을 보더니, 순간접착제를 빌려 달라는 것이 아닌가. 그다음 날, 하림이가 가져온 것은 절대로 부러지지 않을 것같이 튼튼하게 붙여 온 타워였다.

"선생님 제가 고쳤어요! 완벽하지는 않지만 부러지지 않게 했습니다. 다시 안 그렇도록 노력할게요!"

부서진 것은 한순간이고 그것을 다시 되돌릴 수는 없지만, 아이가 내게 마음을 써 준 것은 마음에 난 상처에 약을 발라 주기에 충분했다. 새로운 따뜻함이 마음에 새겨졌다. 아이가 보드게임을 부러뜨린 후 마음을 쓰게 된 건 과연 무엇 때문이었을까? 만일 보드게임을 가위나 풀처럼 마음대로 사용하게 했다면 이 정도로 마음을 쓰지는 않았을 것이 분명하다.

심리학 용어 중 '조망수용능력'이라는 게 있다. 이 능력은 타인의 입장에서 사건이나 사물을 이해하는 능력이다. 조망수용능력이 높으면 사회성이 오르고, 공감 능력 또한 길러진다. 교사가 생각하는 보드게임의 가치를 자주 노출해야 아이들도 보드게임이 귀하고 소중하다는 것을 느낀다. 보드게임에 교사의 숨을 불어넣어 주자.

보드게임 진행 단계
-보드게임으로 문제 해결하기

학교에서 하는 모든 활동이 매끄럽게 잘 되면 좋겠지만, 생각지 못한 문제가 종종 일어나기도 한다. 보드게임을 할 때도 마찬가지다. 특히나 보드게임에는 이기고 지는 승패가 걸려 있어 서로의 감정이 상하는 일도 부지기수다. 어떤 경우는 게임하다 들었던 감정이 게임 밖까지 영향을 주기도 한다. 드물지만 심할 경우 아이들 사이 다툼과 욕설이 생기기도 한다. 이런 일이 빈번히 발생하게 되면 보드게임을 학급에 도입하기 꺼려진다. 하지만 다르게 생각해 보면 당혹스러운 이 순간이 도리어 '살아 있는 존중'을 배울 가장 적절한 순간일 수 있다.

보드게임을 하게 되면 참여하는 모두가 게임 속 플레이어가 되어 주도적으로 활동하게 된다. 각자의 상황에서 게임에 몰입하다 보면 간혹 고의가 아니더라도 나의 행동이 다른 친구를 방해할 때가 있다. 어찌 보면 웃으며 넘어갈 수 있는 상황이지만, 자신을 공격한다고 여기는 아이도 간혹 있다. 이럴 때는 교사가 같은 교실에 있는데도 불구하고 아이들 사이에 다툼이 일어나기도 한다. 상황에 몰입해 주변 시야가 좁아지면 역할과 자신을 동일시하고, '나를 공격한 친구'에 대한 미움과 화를 표현한다. 하지만 이때, 아이에게 문제 해결 방법을 약속하면 상황을 슬기로운 배움으로 이끌 수 있다.

우선, 보드게임을 하기 전에 가이드 라인을 만든다. 첫 번째, 보드게임을 할 때는 상대에게 존중하는 말을 한다. 보드게임은 대부분 여럿이 해야 하는 경우가 많고, 적어도 둘 이상이 필요하다. 그만큼 함께 하는 사람이 귀하다. 그러므로 게임을 하고 나면 함께해 줘서 고맙다고 말하기로 약속한다. 처음에는 교사가 나서서 아이들과 게임이 끝난 뒤 함께 고맙다는 말을 주고받아 본다. 실제로 체험해 보고 어떤 마음이 드는지도 물어보면, 아이들의 생생한 피드백을 들을 수 있다. 두 번째, 게임을 하다가 감정 조절이 안 되는 순간이 오면 스스로 조절하는 시간을 갖는다. 이기고 싶은 마음이 지나치게 커지면 화를 내거나 짜증을 내는 등의 감정적 문제가 발생할 수 있다. 그럴 때는 잠시 게임에서 나와 혼자만의 시간을 갖는다. 바뀐 공간에서 충분한 시간을 가진 뒤 스스로 감정 조절이 가능해지면 다시 게임으로 들어오도록 한다. 교사와 함께 있는 자리에서 불편함을 느끼게 되면, 교사는 그 즉시 아이에게 조절해 달라는 요청을 하는 것이 좋다. 불편함을 느끼는 즉시 표현하지 않으면, 아이들은 그 이상을 보여 주기 때문이다. 마지막으로 세 번째, 실제 문제가 발생한다면 교사와의 상담을 진행한다. 교사는 세 가지에 대해 반드시 안내하고, 아이들로 하여금 실제 경험으로서 느낄 수 있도록 해야 한다.

어느 쉬는 시간, 아이들이 보드게임을 하고 있었다. 게임을 하다 말고 한 아이가 한 친구에게 소리를 지르고 있었다. 교실이 순간 어수선해졌다. 나는 두 아이를 교실 밖으로 불러냈다. 다른 친구들과 공간을 분리해 다툼을 잠시 멈추도록 하고는 상담실로 아이들을 데려갔다.

교사	지금 소리 지르고 있는 걸 봤는데, 무슨 일이 있었는지 둘 중 누가 먼저 말해 볼래요?
A	저요.
교사	그래요. A부터 말해 보세요. B는 A가 무슨 이야기를 하는지

	잘 듣고, 선생님이 질문하면 대답해 주세요.
A	아니, 얘가 지금 제 차례인데 옆에서 자꾸 약 올리잖아요. 하지 말라고 했는데도 계속 얘가 그랬어요.
교사	더 하고 싶은 얘기 있니?
A	없어요.
교사	그랬구나. B는 A가 뭐라고 말했는지 말해 볼래?
B	제가 약 올렸다고 했어요.
교사	A야, 이 내용 맞니?
A	네.
교사	A야, 더 하고 싶은 이야기 있니?
A	그리고 얘가 저번에도 게임할 때 저 못한다고 놀렸어요.
교사	그랬구나. 하지만 지금은 오늘 일어난 일만 가지고 말할 거야.
A	네.
교사	오늘 있었던 일 중에 더 하고 싶은 이야기 있니?
A	없어요.
교사	B야, 하고 싶은 이야기가 있으면 말해 줄래?
B	저는 얘랑 친해지고 싶어서 말한 건데, 이렇게 싫어하는지 몰랐어요. 미안해요.
교사	그랬구나. A야 B가 뭐라고 말했니?
A	친해지고 싶어서 말한 거라고 했어요. 그리고 미안하다고 했어요.
교사	B야, 이 내용 맞니?
B	네.

교사	더 하고 싶은 이야기 있니?
B	A야, 미안해.
교사	서로에게 바라는 점을 말해 볼까? 누구 먼저 말할래?
A	제가 먼저 말할게요. 저는 B가 앞으로 놀리지 않았으면 좋겠어요.
교사	그렇구나, B야 들어 줄 수 있니?
B	네.
교사	A는 또 바라는 점 있니?
A	게임할 때는 같이 즐겁게 하고 게임이 끝나면 게임 가지고 이야기 안 했으면 좋겠어요. 게임 이야기를 계속하니까 속상해요.
교사	B, 들어 줄 수 있니?
B	네.
교사	A, 또 바라는 점 있니?
A	없어요.
교사	B, 바라는 점 있니?
B	없어요.
교사	그럼 서로 약속한 내용을 종이에 적고 서명하렴. 선생님이랑 이 내용을 잘 지키는지 오늘 집에 가기 전, 내일, 그리고 다음 주에 만나서 물어볼게.
A, B	네.
교사	보드게임을 하다가 다툼은 언제든지 일어날 수 있어. 의견이나 느낌이 안 맞을 수 있지. 그건 당연해. 그걸 통해 옆에

있는 친구가 무엇을 좋아하고 무엇을 싫어하는지 느끼고, 일어난 문제를 해결하면 돼. 늘 하던 습관을 바꾸는 건 쉽지 않을 거야. 하지만 해낼 수 있을 거라고 믿어, 힘내! 선생님 도움이 필요한 게 있으면 언제든 말해 줘.

방과 후, 두 아이를 다시 만났다. 아까는 서로 안 볼 것처럼 냉랭하더니, 다가오며 서로 툭툭 치는 게 마음이 풀린 채 왔다는 느낌이 들었다. 내 앞에 선 아이들의 어깨는 서로 맞닿아 있었다.

교사	자, 아까 약속한 것을 스스로 얼마나 잘 지켰는지 O, △, X로 나타내 줄래? 잘 지켰으면 O, 보통이면 △, 못 지켰으면 X로 알려 줘.
A, B	△요.
교사	노력해 줘서 고마워. 내일, 그리고 다음 주에 한 번 더 볼게. 그동안 했던 말하기 방법을 고친다는 건 쉬운 일은 아니야. 애 정말 많이 썼다. 내일 보자!

모든 활동이 그렇듯, 보드게임 역시 몰입하다 보면 종종 문제가 일어난다. 중요한 건 문제가 일어날 가능성을 염두에 두고 가이드 라인을 만들어 두었느냐, 그렇지 않느냐. 가이드 라인이 있으면 그 범위에서 일어난 일에 대해 지도하기 편하다. 하지만 그럼에도 문제는 일어난다. 다툼이 일어나면 당사자가 된 아이들

은 자신을 변호하기 바쁘다. 그리고 그런 말을 듣고 있는 상대의 입에서도 좋은 말이 나올 리가 없다. 그렇게 양쪽 모두 자기 말만 한다. 심하면 큰 다툼까지 가거나 관계를 끊어 버리기까지 한다. 감정이 상한 상태에서는 두 귀를 모두 막은 채 서로의 말을 들으려고도 하지 않는다. 이럴 때 필요한 것이 바로 교사의 개입이다.

이때, 교사의 역할은 누가 옳고 그름을 판단하는 것이 아니다. 한쪽의 잘못이 명백히 보이더라도 섣불리 판단하지 않는다. 당사자는 학생이지, 교사는 싸움을 우연히 알게 된 한 사람에 불과하다. 교사는 아이들을 사건으로부터 한발 물러서 바라보게 해 주는 역할이다. 감정의 늪에 빠져 있던 아이들로 하여금 한발 물러나 객관적인 눈으로 자신들의 모습을 바라보게끔 해야 한다. 목표는 아까 하지 못한 이야기를 충분히 하게 하는 것으로 정한다. 그렇게 넘치도록 말할 시간을 준다. 아이들이 대답하지 않아도 좋다. 입을 뗄 때까지 여유롭게 기다려 준다. 아이들의 마음에 고여 있던 부정적인 감정이 흘러갈 수 있도록 들어만 줘도 다툰 친구의 마음을 받아들일 여유가 생긴다. 그러면 어떤 일이 일어나는가? '수용적인 태도'를 가지게 된다. 생각해 보면, 어른들 역시 흥분 상태에서는 평소와 전혀 다른 사람이 되는 경우가 많다. 아이들은 방금 전까지 헐크 상태가 되어 있던 셈이다. 이후 아이들의 흥분이 누그러지고 부정적 감정이 빠진 것이 느껴진다면, 그때가 교사가 하고 싶은 이야기를 해 줄 때다.

우선 가이드를 정하자. 그리고 문제 발생 시 거리를 두자. 아이
들은 스스로 해결할 수 있다.

보드게임 마무리 단계
-아름답게 종결하기

앞서 '보드게임을 한다'는 것은 준비하기, 규칙 설명하기, 게임하기, 마무리하기의 4단계로 이루어진다고 한 바 있다. 즉, 보드게임은 마무리까지 잘해야 '게임을 했다'라고 할 수 있다는 것이다. 기분 좋게 시작했으니 아름답게 마무리하는 것도 중요하다. 이를 위한 3가지 방법을 소개한다.

첫 번째, '존중하는 마무리'다. 보드게임은 기본적으로 승부를 내는 게임의 형태를 띠고, 승부를 내는 모든 일에는 페어플레이가 필요하다. 페어플레이의 사전적 정의는 '스포츠나 게임에서 정정당당하게 행동하는 것'이다. 때로는 게임에서 무조건 승리하고자 하는 욕구가 페어플레이를 방해하기도 한다. 그렇기에 초기 세팅이 무엇보다 중요하다.

보드게임에는 나 아닌 다른 사람이 반드시 필요하다. 상대가 있어야 게임을 할 수 있는 법이다. 승리의 기쁨도 상대가 있어 가능한 감정이고, 다시 잘 해 보고 싶다는 의지도 상대가 있어 생기는 것이다. 그만큼 '상대'는 내가 게임을 할 수 있게 하는 완벽한 조건이다. 그러므로 게임을 마무리할 때, 함께해 준 사람과 진행했던 게임에 대한 마무리 언급을 해 주면 좋겠다. 처음에는 교사의 멘트로 마무리한다.

"여러분, 게임이 끝났습니다. 지금 앞에 있는 친구, 양옆에 있는 친구들은 나와 함께 게임을 해 준 사람이에요. 이 친구들이 없었다면 게임을 시작할 수 없었습니다. 함께해 준 친구에게 함께해 줘서 고맙다고 전해 줄게요. 따라 할게요. 함께해 줘서 고마워. 네가 있어서 게임을 할 수 있었어."

"함께해 줘서 고마워, 네가 있어서 게임할 수 있었어."

두 번째로는 '정돈된 마무리'다. 간혹 게임이 끝나고 느꼈던 패배감을 사용했던 보드게임을 정리하지 않고 어지르는 행위로 표출하는 경우가 있다. 그럴 경우, "선생님 쟤가 정리 안 하고 가요!" 하며 아이들 사이 갈등이 생기기 일쑤다. 이를 방지하기 위해 아이들에게 습관처럼 하는 말이 있다.

"내가 마치 여기에 없었던 것처럼 해 주세요. 따라해 주세요. 내가 마치~"

"없었던 것처럼~"

마치 이순신 장군이 읊조리듯 나지막하게 말해 주고는, 다시 앞부분만 말하고 아이들이 뒷말을 따라 하게끔 한다. 첫 보드게임을 도입할 때 미리 말해 주고, 이후 교사와 함께 보드게임을 진행할 때 교사가 먼저 시범을 보이는 것이 좋다.

"보드게임은 함께 사용한 물건이에요. 게임에서 이겼든 졌든 함께 사용한 물건은 함께 정리합니다. 같이 정리하며 방금 했던 게임에 대해 궁금한 것이 있으면 친구와 서로 묻고 나누세요. 다음 게임에서 전략을 세울 때 무척 중요합니다."

보드게임을 처음 할 때는 꼭 교사가 함께하길 권장한다. 아이들은 교사가 보드게임을 다루고 정리하는 것을 보고 똑같이 따라 행동한다. 이는 마무리를 할 때도 마찬가지다. 그렇게 아이들에게 '다른 사람의 물건', '빌려 쓰는 물건'에 대한 인식이 생긴다.

한 번은 보드게임을 소중하게 다루라고 말하며 직접 행동으로 보여 줬더니, 아이들이 엄지손가락과 집게손가락으로 금방 터질 것 같은 비눗방울을 다루듯이 아주 조심스럽게 카드를 모셨다. 그때는 너무 조심스럽게 해서 웃음이 터졌지만 내심 고마웠다. 아이들에게 귀하게 다뤄 줘서 고맙다고 말해 줬다. 이런 행동이 남의 물건을 다루는 기준을 형성하는 데 도움이 된다고 생각한다. 보드게임으로 선생님과 경계를 어떻게 세워서 하는지도 배운다.

마지막으로 세 번째는 '다시 돌아보는 마무리'다. 지금 한 보드게임은 다음 보드게임과 연결된다. 방금 한 보드게임을 돌아볼 수 있어야 의식적으로 전략적 사고를 배울 수 있다. 그런 점에서 보드게임을 마치고 나면 아이들과 게임에 대해 복기한다. 복습이 배움을 성장시키는 것처럼, 복기는 곧 게임에 대한 전략적 능력을 키우고 게임을 바라보는 시야를 넓힌다. 게임이 막 종료되었을 때가 아이들이 게임에 대해 가장 많이 돌아보게 되는 때인데, 이때 적절한 질문을 하면 자신의 전략을 돌아보고 새로운 전략을 짜는 데에 도움이 될 수 있다. 더 나아가 진정한 배움은 스스로 되돌아보고 따져볼 때 이루어진다는 것까지 알려 주면 금상첨화겠다.

자신의 행동에 의미를 부여하고 되돌아보는 것을 '메타인지 능력', 자신의 행동을 계획하는 것을 '집행 능력'이라고 한다. 마무리 질문은 이 두 가지 능력에 도움이 된다.

"아까 이렇게 한 이유가 뭐야?"
"어떤 전략을 사용했어?"

"게임을 하면서 결정적인 순간은 뭐였어?"

"다시 한다면 수정하고 싶은 전략이 뭐야?"

이러한 질문을 주고받으며 내 생각을 말하다 보면, 자신의 '수'에 대해 생각하게 된다. 그리고 게임이 돌아가는 상황에 비추어 좋았던 수와 부족했던 수를 돌아볼 수 있게 된다. 그렇게 자신이 놓쳤던 부분에 대한 깨달음을 얻으며, '전략'에 대한 자연스러운 학습이 이루어진다. 그와 동시에 '보드게임'이라는 것이 조금 더 입체적으로 다가온다.

때로는 교사가 의도하는 주제를 정해 마무리 질문을 할 때도 있다. 가령, 협동 게임의 경우는 팀원 간 의견이 맞아 게임이 원활하게 진행될 때도 있지만, '승부욕'이라는 본능이 불쑥 튀어나와 도리어 팀원 간 관계가 무너지는 경험을 하게 되는 때도 있다. 하지만 바로 그 순간이 아이들이 진짜 협력하는 법을 배울 수 있는 순간이다. 게임이 끝나고, 아이들에게 아래와 같은 마무리 질문을 한다.

"게임을 할 때 들었던 말 중에 도움이 된 말은 무엇인가요?"

"다시 게임을 한다면 어떤 말을 하면서 하고 싶은가요?"

"함께해 준 친구에게 격려와 응원의 말 한마디 해 주세요."

보드게임은 규칙에 따라 게임이 시작되고 끝난다. 룰과 존중을 배우고 나면 교사가 없어도 아이들끼리 게임을 할 수 있다. 그렇기에 게임에서 어떤 점이 도움이 됐는지 생각해 보는 질문을 하면, 다음 게임을 할 때 즉시 적용할 수 있다. 이후 새로운 게임을 했을 때 만족감이 들면, 아이들은 그 행동을 계속해서 하게 된다. 그렇게 실수나 실패를 거울 삼아 하나씩 배워 나가는 것이다.

보드게임은 자꾸만 하고 싶다. 아름다운 마무리는 아이들을 다음 게임으로 건강하게 연결되게 한다. 보드게임으로 건강한 게임 문화를 만들어 보자.

사람 대 사람으로 만나는 시간
-아이에 대한 진짜 이해

하루 중 많은 시간 아이들을 만나지만, 교사와 학생의 역할을 벗고 사람 대 사람으로 만나는 시간은 생각보다 많지 않다. 코로나가 찾아온 이후에는 더 그랬다. 예전에는 점심시간에 함께 밥 먹으며 사는 이야기, 실수했던 이야기, 좋았던 이야기들을 자유롭게 나눴다. 그러다 보면 어느덧 아이들과의 거리는 금세 가까워져 있었다. 하지만 코로나 이후 일상의 대화를 나누는 게 점차 어려워지다 보니 아이들에게 말을 걸어도 아이들은 한 사람으로 다가오는 교사를 어색해하기만 했다.

　잠시 눈을 감고 가장 좋아했던 선생님을 떠올려 보자. 머릿속에 떠오르는 그분의 특징은 어떤가? 아마 대부분 자신과 긍정적인 관계를 맺고 있는 분들일 것이다. 조금 더 깊게 생각해 보면, 그분과의 만남이 자신의 인생에 큰 영향을 주고 있음을 알 수 있다. 삶의 변화는 서로를 있는 그대로 바라봐 줄 때 시작되기 마련이고, 우리는 그런 사람을 만나고 싶어 하며, 또 그런 사람이 되고 싶어 한다.

　아이들과 사람 대 사람의 관계로 발전하는 것이 교사 입장에서는 생각보다 쉽지 않다. 일단 아이의 마음이 열린 상태가 되어야 하며, 교사 역시 아이들의 마음을 열 방법을 알고 있어야 하기 때문이다. 이때, 보드게임이 특별한 역할을 해 줄 수 있다면 어떤가? 보드게임을 통해 아이들과 자연스레 사람 냄새 나는 대화를 나눌 수 있다는 말이다.

　"이따가 선생님이랑 보드게임 할 사람?"

　가끔 새 게임을 가지고 온 날이면 아침에 아이들에게 이런 뜬금포를 날린다. 게임의 스타일을 간단히 알려 주고 너희들과 하고 싶어 가져왔다고 말하면, 아이들은 규칙 설명을 하기도 전에 "저요!", "저요!"를 외친다. 마치 피구 시간에 들리는 소리와 버금갈 정도다. 그만큼 보드게임에 대한 만족스러운 기억이 가득하다는 뜻이다.

쉬는 시간에 게임을 들고 교실 빈자리에 앉는다. 몇몇 아이들
은 벌써 내게 찰싹 붙어 있다. 그대로 앉았을 뿐인데, 엉덩이 들
어갈 곳이 없었다. 보드게임 상자를 열고 게임 컴포넌트를 하나
씩 보여 주며 게임을 설명한다. 그렇게 설명이 끝나면 본격적으
로 게임을 시작한다. 게임을 하는 순간부터 아이들은 매우 독립
적이고 주체적으로 행동한다. 자기 차례에 행동을 결정하는 건
오로지 아이 본인이다. 아이들은 그렇게 학생이라는 역할을 벗고
플레이어가 된다. 나도 한 명의 플레이어가 되어 게임에 몰두한다.
그렇게 게임을 끝내고 나면 아이들의 선생님을 대하는 태도
가 달라져 있다. 왠지 모르게 커다란 비밀을 우리끼리 공유하고
있는 것만 같이 특별한 기분이 든다. 아이의 속마음을 물어볼 수
있을 것 같고, 또 물어보면 아이가 내게 쉽게 대답해 줄 것만 같
다. 실제로 그렇다. 마음이 활짝 열린 아이들은 궁금했던 이야기
를 허물없이 내어 준다. 때로는 물어보지 않은 이야기까지 술술
내뱉는다. 단지 게임을 했을 뿐인데, 아이들은 내게 훨씬 더 귀한
것을 준다.

아이 역시 선생님과의 게임을 무척이나 인상 깊게 생각한다.
학급 회의 시간, 일주일 동안 있었던 일 중에 가장 즐거웠던 일을
물으면, 선생님과 보드게임을 했던 시간이라는 대답이 한 번 이

상 꼭 나온다. 언젠가 평소 친해지고 싶었던 주리라는 아이가 있었는데, 코로나 기간이라 좀처럼 시간이 나질 않았던 적이 있었다. 그러던 어느 날, 방과 후 시간을 낼 기회가 있었다. 나는 기회를 놓치고 싶지 않은 마음에 곧바로 주리에게 보드게임을 함께 하는 것을 제안했다. 주리는 흔쾌히 하자고 대답했다. 그렇게 우리는 〈픽쳐스〉라는 게임을 했다. 〈픽쳐스〉는 주어진 사진을 보고 정해진 도구로 사진에 대한 힌트를 주는 게임이었다. 나는 주리가 만든 도구들을 보고, 이게 무엇일까 한참 고민하며 자문자답했다. 그런데 주리가 정답을 공개한 순간, 그만 웃음이 빵 터져 버렸다.

"어떻게 표현한 거야?"
"이게 위로 가고, 얘는 아래로 가고, 이게 이걸 표현한 거예요."
"아 진짜? 몰랐다. 나는 전혀 몰랐어."
주리가 표현한 것이 도대체 무엇일지 너무나 궁금했고, 또 주리가 이렇게 표현한 이유도 궁금했다. 자연스럽게 서로에 대한 궁금증이 생겼다. 아이는 다음날 게임을 또 하고 싶어 했고, 교실에서 나를 만나기만 하면 보드게임을 같이 하자고 조르곤 했다. 아이는 이전보다 수다스러워졌고, 내게 살갑게 대했다. 학년이 끝나갈 무렵이 되자 주리는 내게 다가와 '마지막 날 선생님께 드릴 것이 있다'고 자주 말해 줬다. 나를 특별하게 대해 주는 것 같이 느껴져 마음이 무척 따뜻해졌던 기억이다.

한편, 간단한 추상 전략게임을 '선생님을 이겨라'와 같이 아이들과의 대결 형식으로 꾸려 진행해도 아이들과 훨씬 가까워질 수 있다.

"자 선생님이랑 게임할 사람?"

"저요!"

"게임에는 규칙이 있어. 선생님은 최선을 다해 게임할 건데, 너희들이 선생님을 이겨야 하는 거야. 지는 사람은 다음 기회에 다시 도전하기 어때?"

"좋아요!"

이렇게 말해 놓고 교실 한쪽에 짧게 끝나는 게임 하나를 둔다. 〈가블리트 가블러츠〉는 쉬는 시간, 아이들과 짧게 진행하기에 좋은 보드게임이다. 이 게임으로 쉬는 시간마다 아이들과 한 명씩 대결하곤 하는데, 나는 아이들이라고 절대 봐주지 않았다. 선생님이 최선을 다해 게임을 하며 하나둘씩 지게 만들면, 아이들은 어떻게든 이기고 싶어 서로 전략을 연구하기 시작한다. 이렇게 아이들의 의욕을 간단한 방법으로 올리며 관계를 친밀하게 만들 수 있는 기회다.

간혹 교사가 게임에서 질 때가 있는데, 때로는 이로 인해 아이들이 기어오르지 않을까 하고 걱정하는 경우도 있다. 하지만 이럴 때는 흔쾌히 승패를 인정해 주는 것이 중요하다. 이때는 또한, 아이와의 게임에서 교사가 무언가를 배웠던 순간, 그리고 아이만의 특별했던 점에 대해 말해 준다.

"우와, 이거 선생님이 몰랐다. 졌다, 졌어. 덕분에 선생님도 하나 배웠네. 네가 이렇게 몰두하는 모습을 본 것도 인상적이었어."

아이들은 게임에서 이겼을 뿐인데, 자신의 의미를 찾아 주는 교사에게 특별함을 느낀다.

때로 어떤 분은 아이들과 보드게임을 하다가 본인이 규칙을 틀릴까 봐 걱정하기도 한다. 충분히 있을 수 있는 일이다. 실제 보드게임 중 규칙이 단순한 것도 있지만, 복잡한 것도 있으니 말이다. 직접 해 보지 않으면 설명이 힘들 정도로 어려운 게임도 있고 말이다. 하지만 설명이 틀려도 괜찮다. 선생님도 잘 모를 때는 모두 함께 규칙서를 하나씩 읽어 내려가면 된다. 선생님의 부족한 면을 자연스럽게 드러내야 아이들도 '실수'라는 것에 대해 너그러워진다.

두려워 말고 아이들 속으로 들어가자. 아이에 대한 이해는 아이들 속에 있다.

룰 마스터 말고 플레이어
-실수 인정하기

　아이들과 처음으로 보드게임을 할 때, 규칙을 설명하는 것이 참 어려웠다. 규칙이 간단하거나, 한 번 이상 해 보았던 보드게임의 경우에는 그럭저럭 쉬운 설명이 가능했지만, 규칙서 페이지가 빼곡하게 적혀 있는 게임의 경우는 아무리 여러 번 읽어도 도무지 규칙이 한눈에 들어오지 않는 것이었다. 특히나 행동에 따라 변수가 많아지는 보드게임은 설명하다가도 말문이 턱턱 막히기 일쑤였다. 게다가 보드게임의 규칙이 모두 다르다 보니, 새로운 게임을 할 때마다 먼저 익히는 것도 만만치 않았다. 그러다 보니 어느 순간 설명하는 것에 부담감이 느껴졌다. 보드게임을 교실에만 비치해 두고, 아이들이 알아서 하기를 바라던 때도 있었다.

아마 보드게임을 수업에 처음 도입하고자 할 때, 많은 분들이 이런 고민을 할 것으로 보인다. 막상 보드게임을 사긴 했는데, 내가 먼저 익히려니 생각보다 그 문턱이 높아 보일 테다.

현재 전 세계에 약 7만여 종의 보드게임이 존재한다. 매년 약 천여 종의 새로운 보드게임이 출시되고 있고, 더 나아가 사람들의 여가 시간이 많아질수록 더 많은 보드게임이 만들어질 것이 분명하다. 보드게임 내부의 시스템 또한 훨씬 다양해지고 있다. 〈부루마블〉처럼 주사위에 따라 말을 움직여 승패를 가르는 것만이 다가 아니다. 최근에는 VR을 이용한 가상공간을 보드게임의 도구로 활용하기도 하며, '빅게임'이라고 하여 현실 공간을 아예 보드게임 장소로 재구성하기도 한다.

보드게임을 어느 정도 하는 사람은 기발한 규칙이 적용된 게임이 나올 때마다 흥미를 느끼지만, 보드게임이 익숙하지 않은 사람은 새로운 보드게임으로 넘어가는 것 자체에 큰 부담감을 느끼는 법이다. 그만큼 보드게임에는 각각의 규칙이 주는 장벽이 존재한다.

그러므로 보드게임을 할 때, 룰을 완벽하게 익히는 룰 마스터보다는 가벼운 마음으로 즐기는 플레이어가 되는 편이 좋겠다. 아이들에게 새로운 보드게임을 소개할 때도 마찬가지다. 룰 마스터가 아닌, 플레이어의 위치에서 함께 익혀 가는 편을 권장한다. 규칙을 잘 모르겠다면 부족함을 솔직하게 받아들이고 아이들에게 표현한다.

"이 보드게임 다른 선생님들에게 추천받았는데, 너희랑 하려고 가져왔어. 실은 선생님도 처음 하는 보드게임이야. 선생님도 룰을 잘 모르니까 같이 보고 익혀 보자. 자, 그럼 선생님이 읽어 볼게."

그렇게 규칙서의 첫 부분부터 읽어 준다. 규칙서에 컴포넌트에 대한 안내가 있으면 직접 컴포넌트를 들고 설명하기도 한다. 게임을 하는 플레이어로서 함께 시작하면 훨씬 마음이 편해진다.

규칙서를 같이 읽었으면 시뮬레이션을 하며 차례를 한두 번 정도 갖는다. 가볍게 게임을 해 보면 해당 게임의 시스템을 이해하는 데 도움이 된다. 규칙서를 다 읽거나 그에 대해 빠짐없이 들었어도 막상 실전에 임하면 시스템이 머릿속에 그려지지 않아 무엇을 어떻게 하는지 파악되지 않은 채 게임을 하게 될 수 있기 때문이다. 그렇게 되면 게임이 진행되는 내내 끌려만 다니다가 결국 보드게임의 재미는커녕 불편감만을 남긴 채 게임을 종료하게 될 수 있다. 그러므로 규칙서를 읽었다면 가볍게 시뮬레이션을 해 보자. 나의 차례를 한두 번만 가져 봐도 게임의 패턴을 금방 파악할 수 있다.

보드게임 대회를 운영할 것이 아니라면 학급에 보드게임을 적용할 때 해당 규칙을 빼거나 변형하여 진행해 봐도 좋다. 보드게임의 첫 번째 목적은 바로 '흥미'다. 규칙이 지나치게 복잡하다면 상황에 맞게 규칙을 약간씩 수정해 본다. 규칙 설명 때문에 '재미'라는 본질이 흐려지면 안 되지 않나. 조금 달라도 괜찮다. 함께 체험하는 것에 의미를 두자.

게임을 한 번 하고 나서 규칙서를 다시 읽었는데, 잘못된 플레이를 하는 경우도 있다. 이럴 때는 규칙서를 다시 보고 실수한 부분을 고쳐주면 된다. 때로 교사가 틀린 것을 가지고 비아냥거리거나 놀리듯 말하는 아이가 있을 수 있는데, 이때 교사는 흔들리지 말고 태연하게 대처한다.

"얘들아, 선생님이 잘못 알았어. 이 부분이 이렇게 바뀌어야 할 것 같아. 선생님도 완벽하지 않아. 사람은 누구나 실수할 때가 있어. 너희들과 게임을 직접 해 보니까 잘못된 점도 발견하고, 이제 게임을 더 잘 알게 된 것 같아."

실제 보드게임은 '체험'이다. 실수도 직접 몸으로 느낀 체험에

속하기 때문에 기억에 더 오래 남는다. 실수를 인정하게 되면, 실수로 인해 부끄러웠던 마음이 무언가를 정확히 알고 싶다는 에너지로 바뀐다. 그렇기에 몰랐던 것을 아는 가장 빠른 방법은 '인정하는 것'이다. 게다가 교사가 실수를 인정하는 모습은 아이들이 실수에 임하는 태도를 기르는 데 있어 매우 좋은 영향을 줄 수 있다. 세계 1위 보정속옷 회사 'Spanx'의 창업자 블레이클리의 아버지는 주말에 가족이 식탁에 모이면 항상 "이번 주에는 무엇을 실패했니?" 하고 질문을 했다고 한다. 그녀가 "피아노로 곡을 연주하려고 했는데 잘 안됐어요."라고 하면, 아버지는 "네가 그렇게 도전하고 노력했구나. 잘했다."라며 실패를 칭찬했다고 한다. 아버지의 그러한 교육 덕분에 블레이클리는 성장하면서 '원래 자꾸 실패해야 하는 거구나'라고 자연스레 인식하게 됐다. 그리고 그는 실패를 두려워하지 않게 되었다. 학교에서 아이들에게 가장 큰 영향을 주는 사람은 바로 교사다. 교사가 실수를 '자연스럽고 충분히 있을 수 있는 일'이라고 여기고 행동하는 것은 아이들에게도 좋은 영향을 준다.

　더불어 간혹 실수는 새로운 규칙을 만드는 발상이 되기도 한다. 앞서 말한 대로 매해 천여 가지의 보드게임이 출시되고 있다. 수많은 보드게임을 접하다 보면 어떤 게임들은 서로 매우 흡사하게 보일 때가 있다. 하늘 아래 완벽한 창조는 없듯, 새로운 보드게임은 기존의 규칙을 조금 바꾸거나 테마를 변형한 경우가 많다. 그런 식으로 원래의 규칙과 다르게 하는 것에서 창의적인 보드게임이 탄생하기도 하는 것이다. 물론, 규칙에 맞지 않은 플레이를 '에러풀'이라고 표현하며 정확한 규칙 준수를 가장 중요시하는 사람들도 있다. 하지만 잘못 적용된 규칙이 오히려 흥미를 높이는 경우가 있다. 게다가 게임 내 균형까지 맞다면 그 규칙은 '하우스룰'이라 불리며 참여자 사이에서 인정받는 또 다른 규칙이 되기도 한다. 이쯤 되면 때로는 실수로 인한 우연한 발상이 룰 브레이커 아닌 룰 크리에이터를 만들 수 있다는 것이다.

보드게임은 원래 4명 정도의 구성원이 하도록 만들어진 경우가 많아, 교실에서 반 아이들 모두와 게임을 하려면 정해진 규칙을 변형해야 한다. 이러한 변형의 경험은 하나의 보드게임을 다양한 관점으로 바라보게 만들어 줄 수 있다. 원작은 다소 무겁더라도 시스템이 재미있는 경우, 혹은 게임 내 어떤 규칙이 즐거운 체험에 도움이 된다면 그 부분만 살려 게임에 활용하는 방법도 있다. 이렇게 게임 자체가 아닌 시스템의 일부를 수업에 활용한 방식을 '게이미피케이션'이라고 한다. 반면, 게임 자체가 수업에 주가 되는 경우를 '게임 기반 수업(Game Based Learning)'이라고 한다. 비슷해 보이는 두 경우지만, 게이미피케이션은 기존 수업 활동을 그대로 둔 채 게임 요소의 일부만을 가져오는 것이므로 진입 문턱이 훨씬 낮다는 장점이 있다.

규칙은 곧 게임에서 흥미와 공정성을 유지하기 위한 약속이다. 그렇기에 함께하는 아이들이 재미있어하고, 또 모두가 인정할 경우 규칙은 언제든 변형되어도 무방하다. 때로는 룰 마스터 아닌 룰 브레이커가 되어 보자. 틀려도 괜찮고, 바꾸어도 괜찮다. 우리 반만의 새로운 규칙을 만들어 보자.

나만의 시스템을 만드는 룰 크레이터
-스캠퍼(SCAMPER) 기법

보드게임은 게임 시작 단계부터 마무리 단계까지 다양한 게임
적 요소들로 짜여 있다. 이것들은 고정되지 않고, 마치 모듈처럼
연결되어 하나의 보드게임 시스템이 만들어진다. 그래서 여러 보
드게임을 하다 보면 한 게임에서 활용했던 방식이 다른 게임에
서도 반복되는 경우를 자주 볼 수 있다. 그렇기에 보드게임을 수
업에 적용하려면, 이러한 게임적 요소 중 마음에 드는 것을 골라
수업으로 가지고 오면 좋다.

이때, 보드게임 자체를 그대로 가져오는 방법도 있는 반면, 게임을 변형하여 가져오는 방법도 있다. 예를 들어, 선 플레이어를 정하는 방법은 바로 '모둠 활동'에서 활용 가능하다. 이는 보드게임 규칙서의 첫 부분에 나와 있는데, 대부분은 테마에 맞게 정해진다. 〈유령대소동〉에서는 최근 지하실에 내려갔다 온 사람으로 선을 정하고, 〈누가 똥 쌌어?〉는 집에서 동물을 키우는 사람 중 가장 어린 사람을 선으로 정한다. 한편, 〈두 도시 사이에서〉라는 게임에는 10가지 이상의 선 플레이어 선정 방법이 들어 있어 랜덤으로 선택할 수도 있다. 이렇듯 다양한 보드게임에서 적합한 방법을 골라 사용하면 된다. 때로는 하나의 게임적 요소를 변형하는 것으로도 새로운 재미와 의미를 불러일으킬 수도 있다. 이때, 스캠퍼(SCAMPER) 기법을 이용하면 게임적 요소를 더 쉽게 변형해서 사용하는 데 도움이 된다.

스캠퍼(SCAMPER) 기법은 일종의 브레인스토밍 기법의 하나로서, 브레인스토밍 기법을 창안한 오스본(Alex Osborn)의 체크리스트 기법을 밥 에버럴(Bob Everle)이 7개의 키워드로 재구성하고 발전시킨 것이다. 스캠퍼의 사고 영역은 아래와 같이 7가지 키워드로 구성된다.

스캠퍼 7가지 사고 영역

대체하기(Substitute)

결합하기(Combine)

응용하기(Adapt)

수정하기-확대하기-축소하기(Modify-Magnify-Minify)

다른 용도로 사용하기(Put to other uses)

제거하기(Eliminate)

반전하기(Reverse), 재정렬하기(Rearrange)

수업에 변형할 때 아래와 같은 질문 중 어울리는 질문을 보드게임에 적용해 본다. 7가지 키워드에 넣어 보며 아이디어를 구상한다.

● **대체하기**

　: 대체 할 사람, 물건, 방법, 재료, 장소, 과정은 없는가?

● **결합하기**

　: 목적, 아이디어를 조합한다면?, 다른 물건이나 시스템과 결합한다면?

● **응용하기**

　: 이것과 비슷한 것이 있는가? 과거 유사한 아이디어가 있었는가?

　어떤 프로세스를 적용할 수 있는가?

- **수정, 확대, 축소하기**

  : 컴포넌트의 크기를 확대 혹은 축소한다면? 길거나 넓게 한다면? 두껍

   거나 얇게 한다면? 시간을 단축하면 어떨까? 무겁거나 가볍게 한다면?

- **다른 용도로 사용하기**

  : 다른 용도로 사용한다면? 수정하여 다른 곳에 사용한다면?

- **제거하기**

  : 일부를 제거한다면? 단순화할 수 있을까? 불필요한 부분을 제거한다면?

   컴포넌트의 수를 줄일 수 있는가?

- **반전, 재배치하기**

  : 거꾸로 하면 어떨까? 역할과 순서를 바꾸면 어떨까?

우선 자신이 재미있게 생각한 보드게임이 있다면 이를 게임적 요소로 나누어 본다. 그중 재미있는 게임적 요소를 스캠퍼 기법의 질문들을 활용해 수업 상황에 맞게 변형한다. 가장 실현 가능하고 만족도가 높은 아이디어로 새로운 보드게임을 만들어 낸다. 스스로의 아이디어를 활용해 만든 게임은 수업에 활용하는 데 있어 훨씬 자주 사용하게 되고, 또 오래간다. 게다가 몇 가지 자주 사용하는 도구들로 다양한 보드게임 시스템을 만들어 낼 수도 있다. 나만의 독특한 수업 기술이 만들어지는 것이다.

스캠퍼로 보드게임을 재구성한 사례

1. 대체하기: 〈펭귄파티〉 → 감정파티

〈펭귄파티〉는 2개의 카드 중 하나의 색만 선택해 피라미드 방식으로 놓는 게임이다. 펭귄이라는 테마는 게임을 하는 데 있어 디자인적 요소를 제외하고는 그 영향이 미미하다. 이때, 펭귄을 감정으로 대체하면 다양한 감정을 다룸과 동시에 게임도 즐길 수 있다. 빈 카드를 활용해 자주 쓰는 감정 카드들을 함께 만들고, 그것을 수업에 활용할 수 있다.

2. 결합하기: 〈캣 크라임〉 + 수학의 규칙성 찾기

〈캣 크라임〉은 6마리의 고양이 중 한 마리가 벌인 소동을 통해 논리적인 추리를 하고 규칙을 찾는 게임이다. 이는 수학의 규칙성 찾기와 매우 흡사하다. 규칙을 찾는 개념 학습과 보드게임을 결합하면 의미와 흥미를 동시에 잡을 수 있다.

3. 응용하기: 〈매크로스코프〉 → 일부를 보고 전체 맞히기

〈매크로스코프〉는 그림의 일부를 보고 해당 그림이 무엇인지 맞히는 게임이다. 하나씩 구멍을 내어 조금씩 보이는 힌트로 그림을 맞힌다. 수업 시간 학습의 동기 유발을 위한 도구로도 활용할 수 있다. 일부를 보여 주고 전체를 맞히게 하는 방식은 힌트를 조금씩 주고 문제를 맞히는 스무고개 게임 시스템과도 비슷한

구조를 띤다.

4. 수정, 확대, 축소하기: 〈위그아웃〉 → 위그아웃 스태킹

〈위그아웃〉은 순발력 게임으로, 같은 그림을 2장씩 모아 빠르게 손에 있는 카드를 모두 버리는 게임이다. 이를 스포츠스태킹 컵으로 이용할 수 있는데, 공간을 넓게 활용하면 아이들의 움직임을 늘릴 수 있어 짧은 시간에 운동량을 효과적으로 높일 수 있다.

5. 다른 용도로 활용하기: 〈타임즈 업 패밀리〉 → 배움 정리하기

〈타임즈 업 패밀리〉는 마치 스피드 게임처럼 카드에 있는 단어들을 활용해 팀에게 설명하고 정답을 맞히게 하는 파티 게임이다. 한 단원을 마무리할 때, 모둠별로 설명하고 맞히게 하는 형식으로 활용하면 배움을 정리하는 데 활용할 수 있다.

6. 제거하기: 〈크로싱〉 → 점수 룰 제거하기

〈크로싱〉은 보석의 조합을 완성하여 높은 점수를 얻는 게임이다. 1학년의 경우, 보석 조합 점수 룰을 제거해서 보석 개수를 쉽게 계산할 수 있도록 단순화할 수 있다.

7. 반전하기, 재정렬하기: 〈너도? 나도! 파티〉 → 함께 브레인스토밍하기

〈너도? 나도! 파티〉는 질문을 듣고 떠오르는 키워드 6가지를 적는 게임이다. 질문을 듣고 키워드를 적기 전, 우선 아이들에게 질문에 대해 브레인스토밍을 하게 한 뒤 골라 적게 하면 더욱 효과적인 게임 학습이 될 수 있다. 게다가 게임을 끝내고 나면 해당 집단의 경향성도 파악할 수 있다는 이점이 있다.

필자가 개발한 <마음생각보드>를 수업 시간에 활용하는 것도 좋다. 이는 기본적으로 화이트보드 역할을 하지만 자유롭게 접을 수도 있으며, 속지와 겉지 모두에 마카로 썼다가 지울 수 있다는 점에서도 활용 가능성이 높다. 주로 〈당신을 응원합니다〉, 〈트랩워드〉, 〈스크리블 타임〉, 〈타임스업 패밀리〉 등의 보드게임을 반 전체 아이들과 함께할 때 활용한다.

한편, 보드게임의 수업 활용 시 규칙을 변형해야 할 때가 있는데, 이때는 보드게임의 게임적 요소를 이리저리 재구성해 봐야 한다. 그러다 보면 룰이 느슨해지며 새로운 아이디어가 들어갈 공간이 생긴다. 룰 마스터보다 룰 브레이커가 되어 보자. 나만의 게임 시스템을 만드는 룰 크레이터가 되어 만든 시스템은 꽤 장수할 수 있다.

보드게임으로 만드는 건강한 '아이 문화'
-에너지 조절하기

"보드게임을 해 보고 싶었는데, 예원이가 같이 해 줘서 좋았어요. 예원아, 보드게임 같이해 줘서 고마워!"
"나도 같이해서 재미 있었어."

학급 회의 첫 번째 코너인 칭찬·격려·응원·지지 시간에 한 아이가 한 말이다. 말하는 친구도 기분 좋고, 듣는 친구도 기분이 좋아진다. 1년 동안 학급 회의에서 보드게임에 대한 발언이 몇 번이나 나왔는지 살펴보니, 총 41회의 학급 회의 중 50번의 보드게임 관련 내용이 있었다. 그중 48번이 보드게임에 대한 긍정적인 내용이었다. 이는 적어도 일주일에 한 번씩은 아이들이 보드게임에 대한 긍정적인 느낌을 받았다는 의미다.

교실에서 쉬는 시간이나 점심시간에 아이들을 관찰해 보면 둥그렇게 앉아 보드게임을 하는 모습을 어렵지 않게 볼 수 있다. 서로 머리를 맞대고 진지하게도 한다. '어떤 아이들이 보드게임을 하나?' 눈을 돌려 바라보면, 친한 친구들은 물론이거니와 평소 잘 어울리지 않았던 친구도 함께 끼어 있는 모습을 볼 수 있다. 말수가 유독 적었던 아이도 간혹 보드게임 하는 곳 옆에 살며시 머리를 내밀어 보기도 한다. 보드게임을 하고 싶은 눈치다. 아이들이 웃으면 그 아이도 덩달아 좋아한다. 이럴 때 교사가 먼저 보드게임을 하자고 권유하면 아이의 표정도 밝아진다.

"수린아, 선생님하고 보드게임 할래? 어! 채련아! 너도 같이하자!"
"저도요? 네! 선생님!"

낯가림이 심한 아이가 있다면, 그렇지 않은 다른 친구도 슬쩍 끼워 같이 하자고 부른다. 그렇게 아이들과 한참을 웃으며 보드게임을 하고 나면, 왠지 모르게 서로 친해진 기분이 든다. 며칠 지나면 수줍음이 많은 아이가 먼저 게임에 참여하는 모습도 보인다. 시간이 흘러 교실이 편해지고 아이들의 관계도 친밀해진다. 아이들이 교사에게 보드게임을 하자며 먼저 제안하기도 한다. 이것이 우리 반 교실 풍경이다. 특별한 일이 없으면 아이들은 늘 모여서 보드게임을 한다.

나는 대부분의 반 아이들이 자주 하고, 좋아하며, 계속하고 싶어 하는 것이 있다면 그것을 '학급 문화'라고 부른다. 보드게임은 그런 의미에서 학급 문화로 비교적 잘 녹아드는 문화콘텐츠다. 자연스럽게 매일 하고, 친하지 않아도 이를 매개체로 아이들이 모이니 말이다. 남녀가 따로 놀지 않고, 단짝만 놀지 않는다. 보드게임을 할 때는 이렇듯 자연스럽게 모든 구성원이 어울린다.

학급 문화가 되면 그만의 '힘'이 생성된다. 문화에 의해 에너지가 조절될 수 있다. 잔잔한 일상에 새로운 보드게임 경험은 아이들에게 큰 이벤트가 된다. 그렇게 학급의 에너지가 높아진다. 반면, 게임을 하다가 친구와 다투거나 속이 상하면 에너지가 내려가기도 한다. 이렇듯 에너지의 오르내림을 느끼며 스스로 조절하는 경험은 아이들 사이 건강한 문화를 형성할 수 있다. 그리고 건강한 문화는 구성원들에게 있어 긍정적 영향을 주며, 발전의 계기가 되어 준다.

보드게임이 학급 문화의 한 요소로 잘 자리 잡게 하려면, 학급 회의로 보드게임 문화를 끌고 오는 것도 추천한다. 학급 회의에 보드게임 관련 안건이 제출되면, 아이들은 의논을 통해 자신들만의 문화를 스스로 발전시킨다. 우리 반의 경우, 일주일이 끝나는 시간에 매주 학급 회의를 한다. 학급 회의 주제로 첫 번째는 건의 사항, 두 번째는 칭찬·격려·응원·지지, 세 번째는 용서와 사과로 이루어진다. 건의 사항의 경우, 교실에서 개선하고 싶은 점에 대해 이야기해 보는 것이다. 이는 자연스럽게 학급에서의 삶을 돌아보고, 더 나은 방법이 무엇인지 생각하게 한다. 이런 코너를 만들어 두면 보드게임에 관련된 이야기도 자연스럽게 나오곤 하는데, 이때 해당 사항을 진지하게 검토하고 심의한다.

건의 사항은 학급 임원들과 심의하는데, 개인적인 부분이라면 1:1 방식으로 스스로 해결 방법을 마련하게 한다. 아이들 선에서 해결되지 않을 경우에는 선생님이 개입하여 함께 문제를 해결할 수 있도록 회수한다. 이때, 해당 사항이 학급 전체에 해당하는 내용이면 학급 임원들과 심의해 시행할지 말지 결정한다. 만일 조금 더 깊은 심의가 필요하다면, 관련 자료를 수집해 정리한 뒤 알린다. 심의에 통과하면 다음 주 월요일 아침 시간에 회의 결과를 발표한다. 그 후 프린트로 출력해 교실 게시판에 부착한다. 부착한 순간부터 해당 내용이 학급에 적용된다. 아이들은 스스로 정한 내용이므로 따르기 위해 더욱 애쓴다.

이밖에도 보드게임 문화를 정교하게 만들어 나가는 과정에서 교사가 알면 좋은 몇 가지 팁이 있다. 우선, 처음부터 아이들에게 모든 보드게임을 제공하지 않는다. 처음부터 많은 보드게임을 노출하는 경우 일시적으로 아이들의 흥미를 이끌 수 있지만, 시간이 흐르면 결국 인기 있는 몇몇 보드게임만 살아남고 나머지는 뜯지 않은 택배 상자처럼 한 곳에 쌓인다는 것이다. 사실, 규칙을 잘 몰라서 손을 대지 않을 뿐 충분히 재미있는 게임들이 많다. 그러므로 일주일에 하나씩, 혹은 보드게임이 많다면 며칠에 한 개씩만 제공하는 쪽을 추천한다. 특히 교사가 아침 시간에 보드게임에 얽힌 사연을 설명하며 함께 게임에 참여한다면 더욱 좋다. 이때, 아이들이 집에서 하는 보드게임을 소개하는 자리를 마련해 주는 것도 좋은 방법 중 하나가 될 수 있다.

"오늘 소개할 보드게임은 〈한밤의 늑대인간〉이야. 선생님이 정말 좋아하는 심리 추리 게임이야. 마피아 게임과 비슷한데, 이건 한밤에 게임이 끝나는 게 정말 매력적이야. 이따가 너희들과 함께했으면 좋겠어."

어쩌다 한 번씩 소개하는 보드게임은 특히 인기가 높다. 교사가 소개한 보드게임은 아이들에게 특별한 느낌을 주기도 하고 말이다. 실제 게임을 하려 하면 아이들이 교사 주변을 에워싸고 서로 하겠다고 난리다. 그리고 참여를 원하는 아이가 점차 늘어난다. 그렇게 한 판 하고 나면 그 게임은 이후에도 아이들의 손에서 떨어져 있지 않다.

게임을 제공할 때는 학급 아이들의 수준, 그리고 길러 주고 싶은 능력도 고려하면 좋다. 처음에는 낮은 수준의 보드게임부터 시작해 점차 복잡한 규칙을 가진 보드게임을 제공한다. 한 가지 게임에 익숙해질 때쯤 고난이도의 보드게임을 도입하면 도전 의식을 불러일으킬 수 있다. 게다가 게임 시스템에 대한 이해도를 높임과 동시에 새 환경에 대한 적응력 또한 기를 수 있다.

한편, 주의해야 할 점이 있는데, 의외로 교사가 좋아하는 보드게임을 도입하면 낭패를 볼 우려가 있다는 것이다. 이럴 때는 방과 후 몇몇 아이들의 도움을 받아 소규모로 게임을 해 본 뒤, 추후 전체 아이들에게 소개해 주는 편이 좋다. 필자의 경우에도 새로운 보드게임을 반 아이들에게 소개하기 전, 서너 명의 아이들과 게임을 해 본 뒤 후기를 받는다. 아이들의 평이 좋으면 해당 보드게임을 아이들 앞에서 자신 있게 소개할 수 있다. 함께 게임을 했던 아이들은 꼬마 선생님이 되어 쉬는 시간 교사 대신 설명을 해 주기도 한다. 교사와 즐겁게 체험한 뒤라 설명을 하는 데 전혀 무리가 없다.

수업에 활용할 보드게임을 아이들과 미리 해 보는 것도 추천한다. 선생님과 함께해 본 보드게임이 수업 시간에 나오면 이미 그것만으로도 아이들의 흥미를 유발할 수 있다. 이때, 해당 아이들

에게 보드게임 규칙을 설명하게 하면, 수업 참여도를 더욱 높일
수 있다.

　자꾸 하고 싶고, 또 같이하고 싶은 것은 곧 그곳의 문화가 된다.
보드게임이 그렇다. 건강한 보드게임 학생 문화를 만들어 보자.

보드게임에는 아이들을 움직이는 '힘'이 있다

아이 마음을 여는 보드게임

"저는 보드게임 1호 상담가가 되고 싶습니다."

한 연수에서 10년 후 어떤 사람이 되고 싶냐는 질문에 이렇게 답했다. 보드게임을 체험했을 때마다 느껴지는 느낌이 달랐다. 그 점에 착안해 아이가 갖고 싶은 능력이나 해결하고 싶은 주제에 따라 보드게임을 다르게 사용했다. 예를 들어, 아이가 긍정적인 에너지를 갖게 하고 싶으면 <당신을 응원합니다>라는 게임을 했고, 아이의 자기 이해를 돕기 위해서는 <행복 챙김>이나 <알려줘 TMI> 같은 게임을 했다. 신기하게도 보드게임을 하다 보면 서로의 경계가 허물어졌고, 아이에게서 깊은 속 이야기를 들을 수 있었다. 아직 초등학생이지만, 자신이 생각하는 행복이 무엇인지 또렷이 말하던 장면은 내 기억 속에 아직도 생생하게 남아 있다.

　아이들이 이렇게 자신의 속을 내어 주고, 자기 성찰을 할 수 있게 된 것은 바로 보드게임의 독특한 시스템 때문이다. 보드게임에 참여하는 사람 중 리더는 없다. 오로지 플레이어만이 있을 뿐이다. 보드게임 안에서는 선생님도, 부모님도, 아이도 모두 동등한 플레이어다. 그리고 모든 플레이어는 똑같은 보드게임 컴포넌트를 이용하며, 게임은 리더 없이 규칙에 따라 진행된다. 그렇기에 보드게임을 함께하면 왠지 모를 친숙한 느낌이 들고, 마음이 풀리는 기분이 드는 것이다. 아마 모든 보드게임이 가지고 있는 기본 시스템이라고 생각한다.

　하지만 그렇다고 해서 모든 보드게임이 아이들에게 맞는 건 아니다. 아이의 성향이나 원하는 능력, 관심사에 따라 아이에게 필요하고 끌리는 게임이 있다. 강의를 나가면 간혹 보드게임 추천을 의뢰받을 때가 있다. 이럴 때는 몇 가지 질문으로 아이에 대해 여쭈어 본다.

　"혹시 아이들 성향은 어떤가요?"
　"높여 주고 싶은 능력이나 아이의 관심사는 무엇인가요?"
　"보드게임을 통해 아이와 어떤 관계가 되길 바라세요?"

　이렇게 질문과 답이 몇 번 오고 가면 어떤 아이인지가 그려지고, 그제야 추천하고 싶은 보드게임이 머릿속에 떠오른다. 아이들과 할 보드게임을 고를 때의 팁이 몇 가지 있다. 우선, 보드게임을 통해 아이들과 어떤 관계가 되고 싶은지부터 생각해 보자. 그다음 아이들에게 해 봤던 보드게임이 있는지 물어보고, 아이가 어떤 종류의 보드게임을 좋아하는지 파악해 보자. 아이가 보드게임을 해 본 경험이 없다면, 아이와 대화하고 시간을 보내며 그 아이의 성향을 알아본다. 보드게임을 어려워한다면, 처음에는 규칙이 복잡한 게임보다 가볍게 웃을 수 있는 게임을 선택하는 편이 좋다. 보드게임을 아이 마음을 여는 매개체로 활용하는 것이다. 만약 이 책을 읽고 '아이와 함께 보드게임 해야지' 마음먹으셨다면 이미 성공하신 거다. 아이에게 보드게임을 하자고 하는 순간, 아이의 마음이 활짝 열리는 것을 볼 수 있을 테니 말이다.

보드게임에는 아이들을 움직이는 '힘'이 있다

보드게임을 운영하는 시스템에 대해 이야기하고 싶다. 보드게임의 시스템은 규칙과 컴포넌트, 그리고 테마를 재료로 돌아간다. 그리고 시스템을 구성하는 요소들이 다양하게 조합되어 '재미'라는 동기를 끌어낸다. 승부를 가리는 결과도 있지만, 막상 보드게임을 해보면 커다란 재미 요소 덕에 승부는 크게 중요치 않게 된다.

보드게임을 접하며 기존의 열정과 노력, 끈기와 인내로 아이의 행동을 끌어내려 했던 분야들을 새롭게 바라볼 수 있는 관점이 생겼다. 기존에 암기를 위해 반복해서 중얼거리거나 쓰는 행위를 하게 했다면, 〈당나귀 다리〉의 스토리 기억법이나 〈스크리블 타임〉의 이미지 기억법은 이를 비틀어 보게 한다. 지금껏 '환경을 깨끗이 해야 한다'는 추상적인 가치만을 강조하며 아이들에게 쓰레기를 줍게 했다면, 〈줍킹 챌린지〉는 재미 요소를 추가해 아이들로 하여금 쓰레기를 줍는 행동을 더욱 적극적으로 하게 만든다. 기존의 방법으로는 아무리 설득해도 볼 수 없었던 결과였다. 그리고 수많은 체험 끝에 다음과 같은 결론에 도달했다.

"보드게임에는 하고 싶게 만드는 힘이 있다."

보드게임 안에는 행동을 끌어내는 독특한 시스템이 있다. 보드게임으로 아이들의 말문을 열어 보면 어떨까? 아이 안에 숨어 있는 '자발성'은 진짜 그 아이를 만날 때 깨어난다. 든든하게 보드게임 몇 개 들고 아이들과 게임하다 보면 어느덧 평소에는 나누지 못했던 특별한 이야기를 하게 될 것이다. 그 이야기가 향하고 있는 방향이 아이가 기쁘게 원하는 삶이고, 우리가 도울 수 있는 지향점이 아닐까 싶다.

보드게임을 하면서 느끼는 긍정적인 감정은 아이가 계속하고 싶은 마음이 들도록 할 것이고, 아이를 성장하게 할 것이다. 자꾸 하면 능력이 생기고 능력이 생기면 겉으로 드러난다. 아마도 보드게임은 아이를 성장시키는 제법 괜찮은 도구가 되어 줄 것이다.